한 권으로 끝내는 형사변호실무 - 조문, 판례, 기재례 -

초판 1쇄 발행 2023년 9월 21일
2쇄 발행 2024년 3월 29일

지은이 안갑철
펴낸이 장길수
펴낸곳 지식과감성#
출 판등록 제2012-000081호

교정 정은솔
디자인 서혜인
편집 서혜인
검수 주경민, 정윤솔
마케팅 김윤길

주소 서울시 금천구 벚꽃로298 대륭포스트타워6차 1212호
전화 070-4651-3730~4
팩스 070-4325-7006
이메일 ksbookup@naver.com
홈페이지 www.knsbookup.com

ISBN 979-11-392-1319-5(03360)
값 28,000원

• 이 책의 판권은 지은이에게 있습니다.
• 이 책 내용의 전부 또는 일부를 재사용하려면 반드시 지은이의 서면 동의를 받아야 합니다.
• 잘못된 책은 구입하신 곳에서 바꾸어 드립니다.

지식과감성#
홈페이지 바로가기

새내기
변호사
필독서

한 권으로 끝내는
형사변호실무

☑ 조문
☑ 판례
☑ 기재례

변호사 안갑철

지식과감정

펴내는 말

2011년 감격의 사법시험을 합격한 이래 벌써 10년도 더 지난 세월이 흘렀습니다. 강산도 변하게 한다는 10년 사이 우리 법조계는 많은 변화가 있었습니다. 사법시험은 폐지됐고, 이제는 변호사 시험 체제로 들어섰습니다.

변호사 시험 체제로 들어서면서, 변호사 시험에 합격하더라도 어떠한 수습 기간을 보내느냐에 따라서 송무 경험치가 달라지는 것 같습니다. 예를 들면 어떤 변호사님들은 변호사 시험을 합격하고도 형사사건이 아닌 민사나 가사 사건을 주로 처리하는 회사에서 수습 기간을 보냈기에, 처음 형사사건을 배당받거나 수임하는 경우 적지 않게 당황하는 경우가 있다고 합니다. 물론, 그 반대의 경우도 마찬가지일 것입니다.

이 책을 펴내게 된 이유도 거기에 있습니다. 저자가 학교에서 모의재판과 형사변호실무 강의를 하면서 중요하다고 생각한 것들을 중심으로, 거기에 더하여 저자가 멘토로서 실무 수습 변호사님들을 지도하면서 느낀 모든 것들을 조문과 판례를 중심으로 담았습니다. 이해의 편의를 위해 일부 기재례도 담았습니다.

이 책은 저의 경험이 중심이 되었기에 완벽하지 않을 수 있습니다. 그리고 오류가 있을 수도 있습니다. 그러나 여러분들이 형사사건을 준비함에 부족함은 없을 것입니다. 결정적으로 새내기 변호사님들이 형사사건 처리에 대한 시행착오를 충분히 줄일 수 있으리라 기대합니다.

저자는 10년에 가까운 법조인 생활을 하면서 700건이 넘는 사건을 처리해 왔습니다. 그중 형사사건이 많은 비중을 차지합니다. 그리고 형사법과 관련한 연구 성과에 대한 자부심도 있습니다. 이 책은 그 집약체입니다. 필드에 나선 여러분들이 형사 송무를 함에 있어 기본 틀을 잡고, 지침서가 되기를 바랍니다.

이 책이 나오기까지 많은 분들의 격려와 조언이 있었습니다. 박성준 판사님, 안미현 변호사님, 김은숙 변호사님, 최지영 변호사님, 한민희 변호사님, 신민수 변호사님, 이성우 변호사님, 김성주 변호사님, 김다경 변호사님께 감사의 말씀을 올립니다. 마지막으로 바쁜 남편을 진심으로 이해해 주는 아내와 매일 퇴근 시간을 묻는 아들에게도 미안하고 고마운 마음입니다. 그리고 지금의 저를 만들어 주신 부모님께 감사의 마음을 전합니다.

2023. 8. 1.
변호사 **안갑철**

※ 이 책의 저작권은 안갑철 변호사에게 있으며, 무단 전재 및 배포 등을 금합니다.

펴내는 말 4

제1장 서설

   Ⅰ. 의의 16

   Ⅱ. 구조 20

      1. 고소, 고발 또는 신고사건 20

         가. 피해자가 당사자인 경우: 고소 21

         나. 당사자 이외의 경우: 고발 21

      2. 피의사건 21

         가. 수사단계 21

         나. 공판단계 21

제2장 관할

   Ⅰ. 형사소송법 24

      1. 토지관할 25

         가. 의의 25

         나. 관련사건의 병합 25

다. 사건의 이송　26

2. 사물관할　27

3. 군사법원 이송 또는 군사법원의 법원 이송　28

4. 기타 규정　30

II. (경찰청) 범죄수사규칙　30

III. 경찰수사규칙　31

기재례 병합심리신청서　32

제3장 고소대리

I. 의의　36

II. 유형　37

III. 역할　38

IV. 수사단계　40

기재례 고소장　42

V. 공판단계　49

1. 공판절차 참여　49

   가. 신뢰관계에 있는 자로서의 동석　49

   나. 피해자등의 진술권　50

2. 사건 진행 파악   51

    기재례 참고자료(엄벌탄원서)   53

 Ⅵ. **불복절차**   55

  1. 경찰   55

  2. 검찰   56

    가. 항고 및 재항고   56

    나. 재정신청   57

    기재례 항고이유서   63

  3. 법원   68

제4장 피의사건

 Ⅰ. **개관**   70

 Ⅱ. **피의사실의 확인**   74

 Ⅲ. **증거보전신청**   75

    기재례 증거보전청구서   76

 Ⅳ. **참여**   80

  1. 의의   80

    가. 헌법재판소 결정   80

    나. 관계 법령   84

    다. 유의점   90

  2. 디지털 증거의 경우   92

    가. 사실관계   92

나. 원심의 판단 93

다. 대법원의 판단 93

라. 대법원의 결론 99

V. 변호인의견서의 제출 100

기재례 변호인의견서 102

VI. 관련 자료의 제출 – 증거제출 또는 참고자료 제출 107

기재례 증거제출 108

기재례 참고자료 110

VII. 소년사건 112

1. 의의 112

2. 구조 114

3. 소년부의 결정 117

4. 불복 118

5. 불이익변경금지 원칙 위반 여부를 판단하는 기준 120

제5장 합의사건

I. 처벌불원의 의미 124

II. 경찰: 담당 수사관을 통한 구두 확인 또는 정보공개청구 125

III. 검찰: 주임검사실을 통한 피해자 또는 피해자 국선변호인 확인 및 형사조정신청 128

IV. 법원: 열람·복사 신청 및 공탁 132

기재례 합의서(처벌불원의사표시) 135

제6장 구속사건의 처리1: 영장실질심사 대비 및 구속적부심

Ⅰ. 의의 138

Ⅱ. 영장실질심사 139

    1. 사전 구속영장 청구 139

    2. 사후 구속영장 청구 146

Ⅲ. 구속적부심 150

제7장 구속사건의 처리2: 보석

    기재례 보석허가청구 159

제8장 변론 방향의 설정

Ⅰ. 무죄를 다툴 것인가, 선처를 받을 것인가 164

Ⅱ. 의뢰인을 설득할 것인가, 의뢰인의 뜻에 따를 것인가 167

제9장 공판사건의 처리1: 공소장 및 증거기록의 확보

Ⅰ. 공소장의 확보 170

Ⅱ. 증거기록의 확보 171

Ⅲ. 기타 175

제10장 공판시건의 처리2: 의견서 및 증거의견서의 작성

Ⅰ. 개관: 공판절차의 확인　178

　1. 피고인의 진술거부권 고지 및 인정신문　178

　2. 검사의 모두진술　179

　3. 피고인의 모두진술　179

　4. 재판장의 쟁점정리　180

　5. 증거신청 및 증거에 대한 의견진술　180

　6. 증거조사　181

　7. 피고인신문　181

　8. 구형 및 최후변론과 최후진술　182

　9. 판결의 선고　182

Ⅱ. 변호인의견서의 작성　182

Ⅲ. 증거의견서의 작성　183

　1. 증거법　183

　　가. 증거재판주의　184

　　나. 위법수집증거배제법칙　185

　　다. 자백　187

　　라. 전문법칙　189

　2. 증거에 대한 의견 개진 방식　198

　　가. 동의　198

　　나. 부동의　199

　　다. 일부 부동의　199

　　라. 내용 부인　200

　　마. 입증취지 부인　200

　　기재례 변호인의견서　201

제11장 공판사건의 처리3: 증인신문 및 피고인신문

Ⅰ. 증인신문 206
  1. 증거능력을 부여하기 위한(증거조사를 위한) 증인신문 206
     가. 의의 206
     나. 변호인의 반대신문 207
  2. 별도의 증인신문 207
  3. 증인신문의 방법 208

Ⅱ. 피고인신문 209

제12장 공판사건의 처리4: 최후변론 및 변론요지서 제출

Ⅰ. 최후변론 212
Ⅱ. 변론요지서의 제출 212
Ⅲ. 판결의 선고 213
  기재례 최후변론 215
  기재례 변론요지서 217

제13장 항소심절차

Ⅰ. 개관 226
Ⅱ. 소송기록접수와 통지 226
Ⅲ. 항소이유서의 제출 228

Ⅳ. 변론   231

　　기재례 항소이유서   233

제14장 상고심절차

Ⅰ. 개관   242

Ⅱ. 소송기록접수와 통지   243

Ⅲ. 상고이유서의 제출   243

　　1. 양형부당의 상고이유 법리   245

　　2. 상고이유 제한 법리   247

　　3. 상고이유 제한 법리의 논거   248

　　　가. 상고심의 사후심 구조   248

　　　나. 법령 해석·적용의 통일 및 직권 심판   251

　　　다. 피고인의 절차적 권리 보장과의 관계   252

Ⅳ. 변론   253

　　기재례 상고이유서   255

제15장 약식 절차

Ⅰ. 의의   262

Ⅱ. 정식재판의 청구   263

Ⅲ. 형종 상향의 금지   264

제1장

서설

서설

I. 의의

형사법은 행위자의 행위가 범죄구성요건에 해당하는지 여부부터 그에 대한 형벌이 책임에 부합하는지, 더 나아가 보안처분 등에 대한 문제를 다룬다. 형사법에 있어서 개별적인 쟁점은 논외로 하더라도 그에 대한 가벌성을 논함에 있어서 행위자의 행위인지, 그 행위가 범죄구성요건을 충족하고 있는지, 위법성조각사유는 없는지, 책임능력이 있는지 등을 판단하게 되며 그 과정이 바로 수사와 재판이다. 그리고 그 과정을 거쳐 실체적 진실에 접근할 수 있게 된다.

우리 헌법은 변호인의 조력을 받을 권리가 불구속 피의자·피고인 모두에게 포괄적으로 인정되는지 여부에 관하여 명시적으로 규율하고 있지는 않지만, 불구속 피의자의 경우에도 변호인의 조력을 받을 권리는 우리 헌법에 나타난 법치국가원리, 적법절차원칙에서 인정되는 당연한 내용이고, 헌법 제12조 제4항도 이를 전제로 특히 신체구속을 당한 사람에 대하여 변호인의 조력을 받을 권리의 중요성을 강조하기 위하여 별도로 명시하고 있다.[1] 따라서 형사변호실무의 본질은 피의자와 피고인의 방어권 보장에 있다. 아울러 피의자 및 피고인을 조력할 변호인의 권리 중 그것이 보장되지 않으면 그들이 변호인의 조력을 받는다는 것이 유명무실하게 되는 핵심적인 부분은 헌법상 기본권인 피의자 및 피고인이 가지는 변호인의 조력을 받을 권리와 표리의 관계에 있다 할 수 있는데, 피의자 및 피고인이 가지는 변호인의 조력을 받을 권리가 실질

---

1) 헌재 2017. 11. 30. 2016헌마503, 판례집 29-2하, 224면.

적으로 확보되기 위해서는, 피의자 및 피고인에 대한 변호인의 조력할 권리의 핵심적인 부분인 '변호인의 변호권'은 헌법상 기본권으로서 보호되어야 한다.[2]

그러나 고소인(고발인 등을 포함한다)과 피의자 또는 피고인이 혐의를 부인하게 될 경우, 고소대리인 역시 고소인의 주장이 사실이라며 피혐의자에 대한 강력한 처벌을 바라게 될 것이고, 피혐의자 역시 수사나 재판 과정에서 억울하다고 할 것임은 너무나도 당연한 처사다. 이러한 관점에서 보면, 형사변호사실무는 반드시 피의사건에만 국한할 것은 아니다.

형사변호사실무는 바로 이러한 실체적 진실에 접근하는 거대한 과정의 집합체라고 할 수 있다. 행위자가 혐의 사실에 대하여 자백하지 않는 이상, 실체적 진실은 단정할 수 없으며 수사기관이나 법원은 단지 실체적 진실에 가까운 사실인정에 나아갈 뿐이다.

형사재판에서 범죄사실에 대한 유죄의 인정은 법관으로 하여금 합리적인 의심을 할 여지가 없을 정도로 공소사실이 진실한 것이라는 확신을 가지게 하는 증명력을 가진 증거에 의하여야 하므로, 그와 같은 증거가 없다면 설령 피고인에게 유죄의 의심이 간다고 하더라도 피고인의 이익으로 판단할 수밖에 없다.[3]

방어권 관련 주요 판례

대법원 1999. 4. 15. 선고 96도1922 전원합의체 판결

피고인의 방어권 행사의 보장을 비롯한 적법절차의 준수는 형사소송에서 어길 수 없는 원칙이며 공소장변경제도는 피고인의 방어권 행사를 보장하기 위한 제도 중의 하나이어서 그의 중요성이 아무리 강조되어도 지나침이 없다 할 것이나, 정의와 형평의 기조 아래서의 실체적 진실의 신속한 발견 역시 형사소송이

---

2) 헌재 2017. 11. 30. 2016헌마503, 판례집 29-2하, 224면.
3) 대법원 2022. 3. 31. 선고 2018도19472, 2018전도126 판결.

목적하는 바이므로 형사소송에서는 적법절차를 준수하면서 동시에 실체적 진실을 발견하도록 요청되는데, 공소사실의 변경과 관련하여 이처럼 일응 상반되는 두 가지의 요청을 적절히 조화시키기 위하여는 피고인의 방어권 행사에 실질적으로 불이익을 줄 우려가 없을 경우에 한하여 법원으로 하여금 검사의 공소장변경절차를 거치지 아니하고 공소사실과 다른 범죄사실을 인정할 수 있게 함이 상당하다 할 것인바, 강제추행치상의 공소사실 중에는 강제추행의 공소사실도 포함되어 있다고 볼 것이므로 강제추행치상의 공소사실에 대한 피고인의 방어행위는 동시에 강제추행의 공소사실에 대한 방어행위를 겸하고 있으며 한편, 고소와 그의 취소는 고소의 대상이 된 범죄사실과 동일성이 인정되는 범위 내의 공소사실 전부에 대하여 그의 효력이 미치는 것이어서, 피고인으로서는 그 방어행위의 일환으로 자신의 행위로 인하여 피해자에게 강제추행치상죄에서의 상해를 입힌 사실이 없다는 주장을 하고 법원이 그와 같은 주장을 받아들여 피고인의 행위가 강제추행죄로 처벌하는 경우까지도 대비하여 강제추행죄에 관한 고소인의 고소취소의 원용 등 일체의 방어행위를 할 수 있으므로, 법원이 사건의 실체적 사실관계나 공소요건을 포함한 절차적 사실관계에 관하여 심리를 거쳐 판단한 이상 공소장변경절차를 거치지 아니하고 강제추행치상죄의 공소사실에 대하여 강제추행죄를 인정·처벌하였다고 하더라도, 그로 인하여 피고인에게 미처 예기하지 못한 불의의 타격을 가하여 강제추행죄에 관한 방어권 행사에 어떠한 불이익을 주었다고는 할 수 없으며, 이러한 이치는 공소제기된 강제추행치상죄는 친고죄가 아닌 반면 강제추행죄는 친고죄라 하여 달라질 것은 아니기 때문에, 공소제기된 강제추행치상죄가 입증되지 않고 강제추행죄만 입증되는 경우에 법원은 공소장변경절차를 거치지 아니하고 강제추행의 공소사실에 관하여 심리·판단할 수 있고, 그 때 그 강제추행죄에 대한 고소를 취소한 사실이 인정되면 공소기각의 판결을 선고하여야 할 것이지 강제추행치상죄의 증명이 없다 하여 무죄의 선고를 할 것은 아니다.

대법원 2005. 5. 26. 선고 2004도1925 판결

판결내용 자체가 아니고, 피고인의 신병확보를 위한 구속 등 조치와 공판기일의 통지, 재판의 공개 등 소송절차가 법령에 위반되었음에 지나지 아니한 경우에는, 그로 인하여 피고인의 방어권, 변호인의 변호권이 본질적으로 침해되고 판결의 정당성마저 인정하기 어렵다고 보여지는 정도에 이르지 아니하는 한, 그것 자체만으로는 판결에 영향을 미친 위법이라고 할 수 없다.

대법원 2020. 4. 29. 선고 2015다224797 판결

수사기관은 수사 등 직무를 수행할 때에 헌법과 법률에 따라 국민의 인권을 존중하고 공정하게 하여야 하며 실체적 진실을 발견하기 위하여 노력하여야 할 법규상 또는 조리상의 의무가 있고, 특히 피의자가 소년 등 사회적 약자인 경우에는 수사과정에서 방어권 행사에 불이익이 발생하지 않도록 더욱 세심하게 배려할 직무상 의무가 있다. 따라서 경찰관은 피의자의 진술을 조서화하는 과정에서 조서의 객관성을 유지하여야 하고, 고의 또는 과실로 위 직무상 의무를 위반하여 피의자신문조서를 작성함으로써 피의자의 방어권이 실질적으로 침해되었다고 인정된다면, 국가는 그로 인하여 피의자가 입은 손해를 배상하여야 한다.

대법원 2011. 4. 28. 선고 2010도14487 판결

형사재판에서 범죄사실의 인정은 법관으로 하여금 합리적인 의심을 할 여지가 없을 정도의 확신을 가지게 하는 증명력을 가진 엄격한 증거에 의하여야 하므로, 검사의 입증이 위와 같은 확신을 가지게 하는 정도에 충분히 이르지 못한 경우에는 비록 피고인의 주장이나 변명이 모순되거나 석연치 않은 면이 있는 등 유죄의 의심이 간다고 하더라도 피고인의 이익으로 판단하여야 한다. 그리고 위와 같은 엄격한 증명의 대상에는 검사가 공소장에 기재한 구체적 범죄사실이 모두 포함되고, 특히 공소사실에 특정된 범죄의 일시는 피고인의 방어권 행사의

> 주된 대상이 되므로 엄격한 증명을 통해 그 특정한 대로 범죄사실이 인정되어야 하며, 그러한 증명이 부족한데도 다른 시기에 범행을 하였을 개연성이 있다는 이유로 범죄사실에 대한 증명이 있다고 인정하여서는 아니된다.
>
> **대법원 1999. 10. 8. 선고 99도3225 판결**
> 원심이 당초 예정된 판결선고기일에 변론을 재개하고 이미 서면으로 제출되어 있던 검사의 공소장변경허가신청을 허가하여 변경된 공소사실에 대하여 심리를 하고 이에 출석한 피고인들과 피고인들의 변호인이 아무런 이의를 제기하지 아니한 채 달리 신청할 증거가 없다고 진술함에 따라 피고인들 및 피고인들의 변호인에게 최종 의견진술의 기회를 부여한 다음 다시 변론을 종결하고, 같은 날 판결을 선고하였다고 하여, 피고인들의 방어권을 제약하여 법률에 의한 재판을 받을 권리를 침해하였다고 할 수는 없다.

II. 구조

1. 고소, 고발 또는 신고사건

고소 또는 고발인이 수사기관에 직접 신고하는 경우도 있지만, 자신이 고소하고자 하는 내용의 범죄 성립 가능성에 대하여 잘 알지 못하거나, 피의자와 직접 대면하기 원치 않는 경우 등에 변호인을 선임하여 사건을 진행하는 경우가 있다. 이 경우 변호인은 '고소대리인'의 역할을 한다. 형사소송법 제236조는 고소 또는 그 취소를 대리인을 통해 할 수 있다고 규정하여 이에 대한 법적인 근거도 마련되어 있다고 하겠다.

가. 피해자가 당사자인 경우: 고소

의뢰인인 피해자가 당사자라면, '고소'를 한다(형사소송법 제223조).

나. 당사자 이외의 경우: 고발

당사자 이외의 경우에는 고발이 가능하다(형사소송법 제234조 제1항). 특히 공무원에게는 고발 의무가 있다(동법 제234조 제2항).

2. 피의사건

의뢰인이 피소 등을 당한 상태로써 기소 전에는 수사단계, 기소 이후에는 공판단계로 나눌 수 있다.

가. 수사단계

사건이 경찰이나 검찰 등 수사기관에 놓여 있는 상태다. 검사가 기소하기 전까지의 단계를 의미한다.

나. 공판단계

경찰이 의뢰인의 사건에 대한 혐의가 있다고 인정하여 사건을 검찰로 송치하고, 주임 검사 역시 사건에 대한 혐의가 있다고 인정하여 사건을 기소한 단계를 뜻한다. 검사가 약식명령을 청구하여, 피고인이 이에 대하여 정식재판을 청구하거나 법원이 정식재판으로 회부된 경우도 공판단계라고 볼 수 있다.

제2장

관할

관할

다른 사건도 마찬가지겠지만, 형사사건에 있어서 관할도 중요하다. 고소대리에 있어서는 절차의 신속성 측면에서, 피의사건에 있어서는 의뢰인이 방어권 보장 차원에서 의미가 있다. 전자의 경우 관할권이 없는 수사관서에 고소나 고발을 할 경우 사건이 반려되거나 이송되는 등의 시간이 소요될 수 있고, 후자의 경우 의뢰인이 수사나 재판을 받을 곳이 어디냐에 따른 심리적인 문제를 간과할 수 없기 때문이다. 관할에 대한 문제는 형사소송법 교과서 등에 자세히 설명되어 있을 것이므로, 본 장에서는 형사사건에 있어서 필요 최소한의 부분만 확인한다.

I. 형사소송법

형사사건의 관할은 심리의 편의와 사건의 능률적 처리라는 절차적 요구뿐만 아니라 피고인의 출석과 방어권 행사의 편의라는 방어상의 이익도 충분히 고려하여 결정하여야 하고, 특히 자의적 사건처리를 방지하기 위하여 법률에 규정된 추상적 기준에 따라 획일적으로 결정하여야 한다.[4]

---

4) 대법원 2015. 10. 15. 선고 2015도1803 판결.

1. 토지관할

가. 의의

형사소송법상 토지관할은 범죄지, 피고인의 주소, 거소 또는 현재지로 하고(제4조 제1항), 국외에 있는 대한민국 선박 또는 항공기 내에서 범한 죄에 관하여는 전항에 규정한 곳 외에 선적지 또는 범죄 후의 선착지로 한다(제4조 제2항, 제3항).

여기서 형사소송법 제4조 제1항의 '현재지'라고 함은 공소제기 당시 피고인이 현재한 장소로서 임의에 의한 현재지뿐만 아니라 적법한 강제에 의한 현재지도 이에 해당한다.[5] 따라서 제1심법원이 피고인의 현재지인 이상, 그 범죄지나 주소지가 아니더라도 그 판결에 토지관할 위반의 위법은 없다.[6]

제1심 형사사건에 관하여 지방법원 본원과 지방법원 지원은 소송법상 별개의 법원이자 각각 일정한 토지관할 구역을 나누어 가지는 대등한 관계에 있으므로, 지방법원 본원과 지방법원 지원 사이의 관할의 분배도 지방법원 내부의 사법행정사무로서 행해진 지방법원 본원과 그 지원 사이의 단순한 사무분배에 그치는 것이 아니라 소송법상 토지관할의 분배에 해당한다.[7]

나. 관련사건의 병합

토지관할을 달리하는 수 개의 사건이 관련된 때에는 1개의 사건에 관하여 관할권 있는 법원은 다른 사건까지 관할할 수 있다(형사소송법 제5조). 이때의 관련사건이라

---

5) 대법원 2011. 12. 22. 선고 2011도12927 판결.
6) 대법원 1984. 2. 28. 선고 83도3333 판결.
7) 검사가 광주지방법원 본원에도 범죄지로 인한 제1심 토지관할이 있음을 이유로 제1심법원인 광주지방법원 본원에 공소를 제기한 이 사건에 관하여, 원심이 이 사건 범죄지로 인한 제1심 토지관할은 광주지방법원 해남지원에만 있을 뿐이고, 지방법원 지원의 관할구역이 당연히 지방법원 본원의 관할구역에 포함된다고 해석할 수는 없다는 이유를 들어 이 사건에 관하여 관할위반의 선고를 한 제1심판결을 그대로 유지한 것은 정당하다고 보았다. 대법원 2015. 10. 15. 선고 2015도1803 판결.

함은 ① 1인이 범한 수죄, ② 수인이 공동으로 범한 죄, ③ 수인이 동시에 동일 장소에서 범한 죄, ④ 범인은닉죄, 증거인멸죄, 위증죄, 허위감정통역죄 또는 장물에 관한 죄와 그 본범의 죄를 뜻한다(동법 제11조).

이렇게 토지관할이 다른 여러 개의 관련사건이 각각 다른 법원에 계속된 때에는 공통되는 바로 위의 상급법원은 검사나 피고인의 신청에 의하여 결정(決定)으로 한 개 법원으로 하여금 병합심리하게 할 수 있다(동법 6조).

사물관할은 같지만 토지관할을 달리하는 수 개의 제1심법원(지원을 포함한다. 이하 같다)들에 관련사건이 계속된 경우에 있어서, 형사소송법 제6조에서 말하는 '공통되는 직근상급법원'은 그 성질상 형사사건의 토지관할 구역을 정해 놓은 '각급 법원의 설치와 관할구역에 관한 법률' 제4조에 기한 [별표 3]의 관할구역 구분을 기준으로 정하여야 할 것인바, 형사사건의 제1심법원은 각각 일정한 토지관할 구역을 나누어 가지는 대등한 관계에 있으므로 그 상급법원은 위 표에서 정한 제1심법원들의 토지관할 구역을 포괄하여 관할하는 고등법원이 된다. 따라서 토지관할을 달리하는 수 개의 제1심법원들에 관련사건이 계속된 경우에 그 소속 고등법원이 같은 경우에는 그 고등법원이, 그 소속 고등법원이 다른 경우에는 대법원이 위 제1심법원들의 공통되는 직근상급법원으로서 위 조항에 의한 토지관할 병합심리 신청사건의 관할법원이 된다.[8]

다. 사건의 이송

토지관할을 달리하는 수 개의 관련사건이 동일 법원에 계속된 경우에 병합심리의 필요가 없는 때에는 법원은 결정으로 이를 분리하여 관할권 있는 다른 법원에 이송할 수 있다(동법 제7조).

아울러 법원은 피고인이 그 관할구역 내에 현재하지 아니하는 경우에 특별한 사정이 있으면 결정으로 사건을 피고인의 현재지를 관할하는 동급 법원에 '직권으로' 이송할 수 있다(동법 제8조 제1항). 형사소송법 제8조의 법의는 법원이 피고인에 대하

---

8) 대법원 2006. 12. 5.자 2006초기335 전원합의체 결정.

여 관할권은 있으나 피고인이 그 관할구역 내에 현재하지 아니한 경우 심리의 편의와 피고인의 이익을 위하여 피고인의 현재지를 관할하는 동급 법원에 이송할 수 있음을 규정한 것뿐이고 피고인에 대하여 관할권이 없는 경우에도 필요적으로 이송하여야 한다는 뜻은 아니다.[9]

2. 사물관할

사물관할을 달리하는 수 개의 사건이 관련된 때에는 법원합의부는 병합관할하는데, 결정으로 관할권 있는 법원 단독판사에게 이송할 수 있다(형사소송법 제9조).

아울러, 사물관할을 달리하는 수 개의 관련사건이 각각 법원합의부와 단독판사에 계속된 때에는 합의부는 결정으로 단독판사에 속한 사건을 병합하여 심리할 수 있다(동법 제10조). 이때 관련사건의 개념은 위에서 살펴본 바와 같다(동법 제11조).

한편, 단독판사의 관할사건이 공소장변경에 의하여 합의부 관할사건으로 변경된 경우에 법원은 결정으로 관할권이 있는 법원에 이송한다(동법 제8조 제2항). 그리고 항소심에서 공소장변경에 의하여 단독판사의 관할사건이 합의부 관할사건으로 된 경우에도 법원은 사건을 관할권이 있는 법원에 이송하여야 한다고 할 것이고, 항소심에서 변경된 위 합의부 관할사건에 대한 관할권이 있는 법원은 고등법원이라고 봄이 상당하다.[10] 반면 제1심에서 합의부 관할사건에 관하여 단독판사 관할사건으로 죄명, 적용법조를 변경하는 공소장변경허가신청서가 제출되자, 합의부가 공소장변경을 허가하는 결정을 하지 않은 채 착오배당을 이유로 사건을 단독판사에게 재배당한 것은 위법하다.[11]

---

9) 대법원 1978. 10. 10. 선고 78도2225 판결.
10) 대법원 1997. 12. 12. 선고 97도2463 판결.
11) 형사소송법은 제8조 제2항에서 단독판사의 관할사건이 공소장변경에 의하여 합의부 관할사건으로 변경된 경우 합의부로 이송하도록 규정하고 있을 뿐 그 반대의 경우에 관하여는 규정하고 있지 아니하며, '법관 등의 사무분담 및 사건배당에 관한 예규'에서도 이러한 경우를 재배당 사유로 규정하고 있지 아니하므로, 사건을 배당받은 합의부는 공소장변경허가결정을 하였는지에 관계없이 사건의 실체에 들어가 심판하였어야 하

그리고 동일 사건이 사물관할을 달리하는 수 개의 법원에 계속된 때에는 법원합의부가 심판한다(동법 제12조).

3. 군사법원 이송 또는 군사법원의 법원 이송

법원은 공소가 제기된 사건에 대하여 군사법원이 재판권을 가지게 되었거나 재판권을 가졌음이 판명된 때에는 결정으로 사건을 재판권이 있는 같은 심급의 군사법원으로 이송한다(형사소송법 제16조의2). 이 경우에 이송 전에 행한 소송행위는 이송 후에도 그 효력에 영향이 없다(형사소송법 제16조의2 2문).

한편, 군사법원도 재판권을 갖지 않게 되어 사건을 법원으로 이송하는 경우가 있다. 군인, 군무원, 군적을 가진 군의 학교의 학생·생도와 사관후보생·부사관후보생 및 「병역법」 제57조에 따른 군적을 가지는 재영(在營) 중인 학생, 소집되어 복무하고 있는 예비역·보충역 및 전시근로역인 군인이 ① 「성폭력범죄의 처벌 등에 관한 특례법」 제2조[12]의 성폭력범죄 및 같은 법 제15조의2[13]의 죄, 「아동·청소년의 성보호에 관한 법

고 사건을 단독판사에게 재배당할 수 없는데도, 사건을 재배당받은 제1심 및 원심이 사건에 관한 실체 심리를 거쳐 심판한 조치는 관할권이 없는데도 이를 간과하고 실체판결을 한 것으로서 소송절차에 관한 법령을 위반한 잘못이 있고, 이러한 잘못은 판결에 영향을 미쳤다는 이유로, 원심판결 및 제1심판결을 모두 파기하고 사건을 관할권이 있는 법원 제1심 합의부에 이송한 사례로 대법원 2013. 4. 25. 선고 2013도1658 판결.

12) 제2조(정의)
① 이 법에서 "성폭력범죄"란 다음 각 호의 어느 하나에 해당하는 죄를 말한다. 〈개정 2013.4.5., 2016.12.20.〉
1. 「형법」 제2편 제22장 성풍속에 관한 죄 중 제242조(음행매개), 제243조(음화반포 등), 제244조(음화제조 등) 및 제245조(공연음란)의 죄
2. 「형법」 제2편 제31장 약취(略取), 유인(誘引) 및 인신매매의 죄 중 추행, 간음 또는 성매매와 성적 착취를 목적으로 범한 제288조 또는 추행, 간음 또는 성매매와 성적 착취를 목적으로 범한 제289조, 제290조(추행, 간음 또는 성매매와 성적 착취를 목적으로 제288조 또는 추행, 간음 또는 성매매와 성적 착취를 목적으로 제289조의 죄를 범하여 약취, 유인, 매매된 사람을 상해하거나 상해에 이르게 한 경우에 한정한다), 제291조(추행, 간음 또는 성매매와 성적 착취를 목적으로 제288조 또는 추행, 간음 또는 성매매와 성적 착취를 목적으로 제289조의 죄를 범하여 약취, 유인, 매매된 사람을 살해하거나 사망에 이르게 한 경우에 한정한다), 제292조[추행, 간음 또는 성매매와 성적 착취를 목적으로 한 제288조 또는 추행, 간음 또는 성매매와 성적 착취를 목적으로 한 제289조의 죄로 약취, 유인, 매매된 사람을 수수(授受) 또는 은닉한 죄, 추행, 간음 또는 성매매와 성적 착취를 목적으로 한 제288조 또는 추행, 간음 또는 성매매와 성적 착취를 목적으로 한 제289조의 죄를 범할 목적으로 사람을 모집, 운송,

률」제2조 제2호¹⁴의 죄, ② 사망하거나 사망에 이른 경우 그 원인이 되는 범죄, ③ 그 신분취득 전에 범한 죄에 대하여는 군사법원이 아닌 법원이 재판권을 갖는다(군사법원법 제2조 제2항). 군사법원의 재판 관할권 유무의 문제는 2022. 7. 1.을 기준으로 개정된 군사법원법 시행 이후 저지른 범죄부터 적용된다(동법 부칙 제3조). 군사법원은 공소(公訴)가 제기된 사건에 대하여 군사법원이 재판권을 가지지 아니하게 되었거나 재판권을 가지지 아니하였음이 밝혀진 경우에는 결정으로 사건을 재판권이 있는 같은 심급의 법원으로 이송(移送)하며, 이 경우 이송 전에 한 소송행위는 이송 후에도 그 효력에 영향이 없다(동법 제2조 제3항).

이는 군 사법(司法)제도에 대한 국민적 신뢰를 회복하고 피해자의 인권보장과 사법정의의 실현이라는 헌법적 가치를 구현하기 위하여 성폭력범죄, 군인 등의 사망사건 관련 범죄 및 군인 등이 그 신분취득 전에 저지른 범죄에 대해서는 군사법원의 재판권에서 제외하여 일반 법원이 재판권을 행사하도록 한 것이다.¹⁵

전달한 경우에 한정한다] 및 제294조(추행, 간음 또는 성매매와 성적 착취를 목적으로 범한 제288조의 미수범 또는 추행, 간음 또는 성매매와 성적 착취를 목적으로 범한 제289조의 미수범, 추행, 간음 또는 성매매와 성적 착취를 목적으로 제288조 또는 추행, 간음 또는 성매매와 성적 착취를 목적으로 제289조의 죄를 범하여 발생한 제290조 제1항의 미수범 또는 추행, 간음 또는 성매매와 성적 착취를 목적으로 제288조 또는 추행, 간음 또는 성매매와 성적 착취를 목적으로 제289조의 죄를 범하여 발생한 제291조 제1항의 미수범 및 제292조 제1항의 미수범 중 추행, 간음 또는 성매매와 성적 착취를 목적으로 약취, 유인, 매매된 사람을 수수, 은닉한 죄의 미수범으로 한정한다)의 죄

3. 「형법」 제2편 제32장 강간과 추행의 죄 중 제297조(강간), 제297조의2(유사강간), 제298조(강제추행), 제299조(준강간, 준강제추행), 제300조(미수범), 제301조(강간등 상해·치상), 제301조의2(강간 등 살인·치사), 제302조(미성년자등에 대한 간음), 제303조(업무상위력등에 의한 간음) 및 제305조(미성년자에 대한 간음, 추행)의 죄

4. 「형법」 제339조(강도강간)의 죄 및 제342조(제339조의 미수범으로 한정한다)의 죄

5. 이 법 제3조(특수강도강간 등)부터 제15조(미수범)까지의 죄

② 제1항 각 호의 범죄로서 다른 법률에 따라 가중처벌되는 죄는 성폭력범죄로 본다.

13) 제15조의2(예비, 음모) 제3조부터 제7조까지의 죄를 범할 목적으로 예비 또는 음모한 사람은 3년 이하의 징역에 처한다.

14) 2. "아동·청소년대상 성범죄"란 다음 각 목의 어느 하나에 해당하는 죄를 말한다.
  가. 제7조, 제7조의2, 제8조, 제8조의2, 제9조부터 제15조까지 및 제15조의2의 죄
  나. 아동·청소년에 대한 「성폭력범죄의 처벌 등에 관한 특례법」 제3조부터 제15조까지의 죄
  다. 아동·청소년에 대한 「형법」 제297조, 제297조의2 및 제298조부터 제301조까지, 제301조의2, 제302조, 제303조, 제305조, 제339조 및 제342조(제339조의 미수범에 한정한다)의 죄
  라. 아동·청소년에 대한 「아동복지법」 제17조 제2호의 죄

15) 2021. 9. 24. 법률 제18465호로 일부 개정되고, 2022. 7. 1. 시행 군사법원법 개정 이유.

4. 기타 규정

같은 사건이 사물관할이 같은 여러 개의 법원에 계속된 때에는 먼저 공소를 받은 법원이 심판한다. 다만, 각 법원에 공통되는 바로 위의 상급법원은 검사나 피고인의 신청에 의하여 결정으로 뒤에 공소를 받은 법원으로 하여금 심판하게 할 수 있다(형사소송법 제13조).

그리고 검사는 ① 법원의 관할이 명확하지 아니한 때, ② 관할위반을 선고한 재판이 확정된 사건에 관하여 다른 관할법원이 없는 때 관계있는 제1심법원에 공통되는 바로 위의 상급법원에 관할지정을 신청하여야 한다. 이외에도, 검사는 ① 관할법원이 법률상의 이유 또는 특별한 사정으로 재판권을 행할 수 없는 때, ② 범죄의 성질, 지방의 민심, 소송의 상황 기타 사정으로 재판의 공평을 유지하기 어려운 염려가 있는 때에는 직근상급법원에 관할이전을 신청하여야 하며, 이는 피고인도 가능하다(동법 제15조).

한편, 관할의 지정 또는 이전을 신청하려면 그 사유를 기재한 신청서를 '바로 위의 상급법원'에 제출하여야 하고(동법 제16조 제1항), 공소를 제기한 후 관할의 지정 또는 이전을 신청할 때에는 즉시 공소를 접수한 법원에 통지하여야 한다(동법 제16조 제2항).

II. (경찰청) 범죄수사규칙

경찰은 범죄지, 피의자의 주소·거소 또는 현재지를 기준으로 이를 관할하는 경찰관서가 사건을 수사한다(제7조 제1항). 이때 사건관할을 달리하는 수 개의 사건이 관련된 때에는 1개의 사건에 관하여 관할이 있는 경찰관서는 다른 사건까지 병합하여 수사를 할 수 있다(제7조 제2항).[16]

---

16) 그밖에 관할에 대한 세부 사항은 「사건의 관할 및 관할사건수사에 관한 규칙」에 따른다.

이처럼 경찰의 수사는 형사소송법상의 토지관할과 거의 같다. 다만, 검찰의 경우 경찰로부터 사건을 송치받았을 때의 관할 검찰청에 피의자가 소재하고 있지 않으면, '타관이송' 처분으로써 사건을 피의자의 주소지 관할 검찰청으로 사건을 이송한다.

Ⅲ. 경찰수사규칙

수사기관인 경찰이 관할권이 있는 상태라고 하더라도 사건을 다른 경찰관서로 이송해야 할 필요성이 생길 때도 있다.

사법경찰관은 ① 사건의 관할이 없거나 다른 기관의 소관 사항에 관한 것인 경우, ② 법령에서 다른 기관으로 사건을 이송하도록 의무를 부여한 경우에는 해당 사건을 다른 경찰관서 또는 기관에 이송해야 한다(제96조 제1항).

그러나 임의적으로도 이송할 수 있는데, ① 다른 사건과 병합하여 처리할 필요가 있는 등 다른 경찰관서 또는 기관에서 수사하는 것이 적절하다고 판단하는 경우, ② 해당 경찰관서에서 수사하는 것이 부적당한 경우 해당 사건을 다른 경찰관서 또는 기관에 이송할 수 있다. 다만, 이는 사건을 받는 해당 기관과 협의되어야 하는 제한이 있다(제96조 제2항). 즉, 범죄지와 피의자의 현재지가 달라 이 중 한 곳으로 사건을 이송해야 한다면, 사건을 받는 소재 경찰관서와 협의가 반드시 되어야 한다. 이는 사건을 받는 소재 경찰관서의 관할이 피의자의 범죄지라고 하더라도 마찬가지다.

[기재례]

병합심리신청서

사 건 2023고단**** 상해
피고인 호날두
　　　　 피고인의 변호인
　　　　 변호사 알 나 스 르

서울고등법원 귀중

병합심리신청서

사 건   2023고단**** 상해
피 고 인   호 날 두

위 사건에 관하여 피고인의 변호인은 다음과 같이 관련사건의 병합을 신청합니다.

다 음

피고인은 이 사건 이외에도 현재 서울서부지방법원에서 동법위반으로 인하여 재판(서울서부지방법원 2023고단####)을 받고 있어 서울중앙지방법원 형사 제$$단독에서 함께 재판받기를 원하여 병합을 신청하오니 이를 허가하여 주시기 바랍니다 (형사소송법 제5조, **제6조**).

2023. 3.
피고인의 변호인
변호사 알 나 스 르

서울고등법원 귀중

제3장

고소대리

Ⅰ. 의의

　피혐의자의 방어권만큼이나 피해자의 권익에 대한 관심도가 높아지면서 고소대리의 중요성이 커졌다. 사건의 진실을 떠나서 피해자의 입장에서 자신의 사건이 어떻게 흘러갈지 불안해할 수 있기 때문이다. 그 이외에도 피혐의자와의 접촉을 꺼려서 대리인을 선임할 수도 있다.

> **형사소송법**
>
> **제236조(대리고소)**
> 고소 또는 그 취소는 대리인으로 하여금 하게 할 수 있다.
>
> **제237조(고소, 고발의 방식)**
> ① 고소 또는 고발은 서면 또는 구술로써 검사 또는 사법경찰관에게 하여야 한다.
> ② 검사 또는 사법경찰관이 구술에 의한 고소 또는 고발을 받은 때에는 조서를 작성하여야 한다.

　고소대리의 수임 시기는 제약이 없다. 따라서 고소나 고발하기 전에 의뢰하여 관련 서류나 증거들을 검토하고 고소장이나 고발장을 제출하는 경우가 있고, 고소나 고발이 있은 이후에 이를 보충하는 형식으로 고소대리 업무를 수행하는 경우가 있을 수 있으며, 검사의 기소 이후에도 고소대리 수임은 가능하다. 즉, 고소대리 선임의 시기나 종기는 계약에 따른다.

일부 성범죄 사건의 경우 피해자에게 국선변호인을 선정해 주는데 이 경우 피해자 국선변호인이 사임하거나 피해자가 국선변호인을 변경해 달라고 하지 않는 이상 업무의 수행은 사건의 종결 시까지라고 보아야 한다.

II. 유형

사선대리인 또는 피해자 국선변호사로 구분된다.

성폭력범죄의 처벌 등에 관한 특례법

제27조(성폭력범죄 피해자에 대한 변호사 선임의 특례)
① 성폭력범죄의 피해자 및 그 법정대리인(이하 "피해자등"이라 한다)은 형사절차상 입을 수 있는 피해를 방어하고 법률적 조력을 보장하기 위하여 변호사를 선임할 수 있다.
② 제1항에 따른 변호사는 검사 또는 사법경찰관의 피해자등에 대한 조사에 참여하여 의견을 진술할 수 있다. 다만, 조사 도중에는 검사 또는 사법경찰관의 승인을 받아 의견을 진술할 수 있다.
③ 제1항에 따른 변호사는 피의자에 대한 구속 전 피의자 심문, 증거보전절차, 공판준비기일 및 공판절차에 출석하여 의견을 진술할 수 있다. 이 경우 필요한 절차에 관한 구체적 사항은 대법원규칙으로 정한다.
④ 제1항에 따른 변호사는 증거보전 후 관계 서류나 증거물, 소송계속 중의 관계 서류나 증거물을 열람하거나 등사할 수 있다.

> ⑤ 제1항에 따른 변호사는 형사절차에서 피해자등의 대리가 허용될 수 있는 모든 소송행위에 대한 포괄적인 대리권을 가진다.
> ⑥ 검사는 피해자에게 변호사가 없는 경우 국선변호사를 선정하여 형사절차에서 피해자의 권익을 보호할 수 있다.

성폭력범죄의 피해자의 경우 변호사 선임에 대한 특례규정이 있다. 성폭력범죄의 처벌 등에 관한 특례법 제27조는 일반규정은 아니며, 제6항에서 피해자 국선변호사 선정의 근거를 마련하고 있다.

III. 역할

고소대리인의 역할은 크게 다섯 가지로 볼 수 있다.

첫째, 피해자에 대한 보조다. 여기서 보조(補助)란, 넓은 의미로 보아야 한다. 형사소송법상 피해자는 엄연히 당사자가 아니므로, 사건 진행의 경과 등에 대하여 잘 알지 못하는 경우가 많다. 고소대리인은 이러한 점을 감안하여 사건이 송치되었는지, 기소되었는지, 피고인에 대한 재판은 어떻게 진행되고 있는지, 판결이 났는지, 판결문의 내용은 어떠한지 등을 확인하여 이와 관련된 정보를 피해자에게 설명해 줄 필요가 있다. 그 과정에서 피해자의 감정에 대하여 공감할 수도 있으나, 경제적인 보조는 포함되지 않는다.

둘째, 수사절차나 법정출석에의 참여다. 수사과정에서 피해자에 대한 진술조서가 작성되는 과정 또는 피해자가 법정에 출석했을 때 동석하여 피해자에 대한 심리적인 안정감을 부여하는 역할을 한다.

셋째, 피의자 또는 피고인에 대한 엄벌 요청이다. 당연히 수사기관 또는 법원에 의견서나 자료 제출 등을 통해서 이들에 대한 엄벌을 요청할 수 있다. 피해자가 법정에 출석하여 피해의 상황에 대하여 진술할 기회를 요청할 수도 있다. 다만, 사실심 변론 종결 후 검사나 피해자 등에 의해 피고인에게 불리한 새로운 양형조건에 관한 자료가 법원에 제출되었다면, 사실심법원으로서는 변론을 재개하여 그 양형자료에 대하여 피고인에게 의견진술 기회를 주는 등 필요한 양형심리절차를 거침으로써 피고인의 방어권을 실질적으로 보장해야 한다.[17]

넷째, 혐의를 다투는 사건에 있어서 입증 강화 작업이다. 고소나 고발이 있은 이후에도 사실관계를 보충하거나, 법리를 보충하는 작업이 필요할 수 있다. 따라서 이에 대한 증거자료를 제출하거나 의견서를 통해 수사기관이나 법원에 피해자의 입장을 피력할 필요가 있다.

다섯째, 피해회복에 대한 조력이다. 피의자나 피고인이 합의를 요청하는 경우가 있다. 그럴 때 고소대리인은 피의자나 피고인 또는 그 변호인과 접촉하여 합의 의사를 타진해 나간다. 피해자가 합의를 원치 않을 경우에는 배상명령청구를 고려할 수 있다.[18]

---

[17] 대법원 2021. 9. 30. 선고 2021도5777 판결.
[18] 이 경우 소송촉진 등에 관한 특례법 제25조 제1항 각호가 정하고 있는 경우에 한한다.
동법 제25조(배상명령)
① 제1심 또는 제2심의 형사공판 절차에서 다음 각 호의 죄 중 어느 하나에 관하여 유죄판결을 선고할 경우, 법원은 직권에 의하여 또는 피해자나 그 상속인(이하 "피해자"라 한다)의 신청에 의하여 피고사건의 범죄행위로 인하여 발생한 직접적인 물적(物的) 피해, 치료비 손해 및 위자료의 배상을 명할 수 있다.
1. 「형법」 제257조 제1항, 제258조 제1항 및 제2항, 제258조의2 제1항(제257조 제1항의 죄로 한정한다)·제2항(제258조 제1항·제2항의 죄로 한정한다), 제259조 제1항, 제262조(존속폭행치사상의 죄는 제외한다), 같은 법 제26장, 제32장(제304조의 죄는 제외한다), 제38장부터 제40장까지 및 제42장에 규정된 죄
2. 「성폭력범죄의 처벌 등에 관한 특례법」 제10조부터 제14조까지, 제15조(제3조부터 제9조까지의 미수범은 제외한다), 「아동·청소년의 성보호에 관한 법률」 제12조 및 제14조에 규정된 죄
3. 제1호의 죄를 가중처벌하는 죄 및 그 죄의 미수범을 처벌하는 경우 미수의 죄
② 법원은 제1항에 규정된 죄 및 그 외의 죄에 대한 피고사건에서 피고인과 피해자 사이에 합의된 손해배상액에 관하여도 제1항에 따라 배상을 명할 수 있다.
③ 법원은 다음 각 호의 어느 하나에 해당하는 경우에는 배상명령을 하여서는 아니 된다.
1. 피해자의 성명·주소가 분명하지 아니한 경우
2. 피해 금액이 특정되지 아니한 경우
3. 피고인의 배상책임의 유무 또는 그 범위가 명백하지 아니한 경우

한편, 판례는 반의사불벌죄에서 처벌을 희망하는 의사표시의 철회 또는 처벌을 희망하지 않는 의사표시는 제1심판결 선고 전까지 할 수 있고, 처벌불원의 의사표시의 부존재는 소극적 소송조건으로서 직권조사사항에 해당하므로 당사자가 항소이유로 주장하지 않았더라도 원심은 이를 직권으로 조사·판단하여야 하며, 피해자의 변호사는 피해자를 대리하여 피고인에 대한 처벌을 희망하는 의사표시를 철회하거나 처벌을 희망하지 않는 의사표시를 할 수 있다고 하면서 "피해자의 국선변호사가 제1심판결 선고 전에 제출한 '고소취소 및 처벌불원서'에 피해자가 처벌을 희망하지 않는다는 내용이 기재되어 있으므로, 원심은 피해자의 처벌희망 의사표시가 적법하게 철회되었는지를 직권으로 조사하여 반의사불벌죄의 소극적 소송조건을 명확히 심리·판단할 필요가 있다."고 판시한 바 있다.[19]

Ⅳ. 수사단계

고소대리인의 역할은 위에서 본 바와 같고, 수사단계에 있어서 고소대리인의 역할 중 가장 중요한 것은 고소장이나 고발장의 제출이라고 하겠다. 만일, 고소장 등이 제출된 상황이면 범죄사실을 입증하기 위한 변호인의견서의 제출 또는 입증자료의 제출이 주요 업무다.

특히, 법률전문가인 고소대리인이 고소장이나 고발장 등을 수사기관에 제출할 경우 다음과 같은 점을 유의해야 한다.

첫째, 수사기관의 관할을 정확히 해야 한다. 관할이 정확하지 않을 경우 의뢰인이나

---

    4. 배상명령으로 인하여 공판절차가 현저히 지연될 우려가 있거나 형사소송절차에서 배상명령을 하는 것이 타당하지 아니하다고 인정되는 경우
   이상 동법 제25조 내지 제40조 참조.
19) 대법원 2019. 12. 13. 선고 2019도10678 판결.

대리인의 의도와는 달리 사건의 처리가 지연될 수 있다. 왜냐하면, 사건 자체를 반려하거나 관할이 있는 다른 관서에 이송하는 데 시간이 걸리기 때문이다.

둘째, 해당 서류의 내용이 장황하지 않도록 해야 한다. 사건의 내용을 다투는 변호인의 의견서처럼, 고소대리인을 통한 고소장 등은 결국 그 혐의자를 처벌하여 달라는 내용이며 사건의 파악이 되기 전까지 수사기관은 중립적으로 볼 수밖에 없다. 그렇다면 결국, 그러한 서면의 목적은 수사기관에 대한 '설득'에 있다. 따라서 고소장 등에는 죄명과 범죄사실 등을 가능하면 정확하게 기재하고, 고소의 내용 등을 간결하게 설명할 필요가 있다. 특히, 죄명과 범죄사실의 기재는 반드시 적어 주는 게 좋다. 간혹 사실관계만 적시하고, 범죄사실은 누락하는 경우가 있는데, 이는 수사기관의 입장에서 범죄사실을 파악하는 시간만 오래 걸리게 할 뿐이다.

[기재례]

고 소 장

고 소 인   아이언맨
피고소인   만다린

2021. 3.

위 고소인의 대리인

변호사 페 퍼 포 츠

서울동대문경찰서장 귀중

고 소 장

I. 고소인

성명	아이언맨	생년월일	
주소			
전화			
고소인의 대리인	담당변호사 페퍼 포츠 서울특별시 어벤져스 타워		

II. 피고소인

성명	만다린	주민등록번호	불명
주소	불명		
전화	010-****-&&&&		

III. 고소취지

고소인은 피고소인을 사기죄로 고소하오니, 피고소인(이하 '피의자'라고 합니다)을 엄벌하여 주시기 바랍니다.

Ⅳ. 범죄사실

피의자는 사실은 피해자인 고소인으로부터 금원을 차용하더라도 당해 차용금을 변제할 의사나 능력이 없음에도 불구하고, 2020. 7. 17.경 서울에 위치한 어벤져스 타워에서 피해자인 고소인에게 "돈을 빌려주면 돈을 불려 주겠으니 돈을 빌려 달라."라는 취지의 거짓말을 하여 이에 속은 피해자로부터 차용금 명목으로 현금 1,000,000원을 교부받아 이를 편취한 것을 비롯하여 범죄일람표 기재와 같이 16회에 걸쳐 같은 명목으로 합계 1억 7,220만 원을 교부받아 이를 편취하였다.

(별지 범죄일람표 삽입 위한 여백)

범죄일람표

순번	일시	금액(원)	비고
1	2020. 7. 17.	1,000,000	계좌이체 증제1호증 2면
2	2020. 7. 17.	10,000,000	현금
3	2020. 7. 21.	1,000,000	계좌이체 증제1호증 2면
4	2020. 7. 23.	1,200,000	계좌이체 증제1호증 2면
5	2020. 7. 27.	1,000,000	현금
6	2020. 7. 29.	2,000,000	계좌이체 증제1호증 3면
7	2020. 7. 31.	20,000,000	계좌이체 증제1호증 3면
8	2020. 7. 31.	10,000,000	현금
9	2020. 8. 2.	50,000,000	현금 증제3호증
10	2020. 8. 13.	3,000,000	계좌이체 증제1호증 3면
11	2020. 8. 17.	20,000,000	계좌이체 증제2호증
12	2020. 8. 20.	15,000,000	계좌이체 증제1호증 4면
13	2020. 8. 21.	8,000,000	계좌이체 증제1호증 4면
14	2020. 8. 22.	19,000,000	계좌이체 증제1호증 4면
15	2020. 8. 22.	1,000,000	현금
16	2020. 8. 24.	10,000,000	현금
합계		172,200,000	

V. 고소내용

1. 당사자의 관계

고소인은 어벤져스의 일원으로서 서울특별시에 위치한 어벤져스 타워에서 캡틴아메리카와 공동하여 지구를 지키는 일을 하고 있습니다. 피의자는 그 맞은편 상점에서 장사를 하는 사람으로서 단순한 지인 관계에 있습니다.

2. 고소에 이르게 된 경위

고소인은 서울 어벤져스의 일원으로 활동하면서 유명해졌습니다. 그러나 건강이 악화되었고, 코로나가 극심하여 겨우 어벤져스 타워를 운영하고 있는 상황이었습니다.

이와 같은 사정을 알게 된 피의자는, 고소인이 어느 정도의 금전을 가지고 있는 점을 알고서 이를 편취하기 위해 의도적으로 접근하기 시작했습니다.

피의자는 고소인에게 자신이 명문대 정치학과를 졸업하고 건물을 갖고 있는데 "고소인이 마스크를 팔기 위해 애쓰는 것을 보고 너무 안타까워서 하는 말인데, 돈을 불려 주겠으니 어느 정도의 돈을 주면 며칠 내 이자를 더하여 2배로 주겠다."고 제안한 이후 3일 후 이자만 100만 원을 가져다준 사실이 있습니다. 그럼에도 불구하고, 피의자는 고소인이 2020. 7. 17.경 피의자에게 전달한 원금 1,100만 원은 "계속 사용하여 더 많은 돈을 주겠다."고 하였으나 돌려준 사실이 없습니다.

고소인은 "돈을 투자하면 쉽게 돈을 벌 수 있는 최첨단 금융기법이 있다."는 피의자의 말을 신뢰하게 되었고, 결국 위 범죄일람표 기재와 같이 총 172,200,000원을 편취해 갔습니다.

피의자는 100만 원에서 500만 원 정도의 몇 차례 이자만 지급하였을 뿐 위 원금을 반환하지 않았습니다. 돈을 받아야만 하는 고소인으로서는, 피의자의 심기를 건드리면 더욱 돈을 받지 못할 것을 우려하여 먹을 것을 가져다주기도 하고, 딸같이 생각했는데 왜 이러느냐며 달래기도 하였습니다. 그러나 피의자는 금방 갚을 것이라고만 할 뿐이었습니다. 그리고 최근에는 고소인의 전화도 일체 받지 않고, 행적도 발견되지 않아 잠적한 것은 아닌지 심히 우려되는 상황입니다.

고소인은 이와 같은 이유로 고소에 이르게 된 것입니다.

VI. 결어(요망사항)

피의자는 고소인에게 거짓말을 하여 상당한 금원을 편취한 바 그 죄질이 매우 악하다고 하겠습니다. 고소인은 지금까지 더 많은 돈을 편취할 목적의 수단으로서 약간의 이자를 지급한 것 이외에는 단돈 1원도 원금에 대한 변제받지 못한 상황이므로 피의자가 계획적이고 의도적으로 고소인에게 접근하여 이 사건 피해 상당 금원을 편취할 의사가 충분하였다고 볼 것입니다.

이상과 같은 점들을 살피시어 피의자를 엄벌하여 주시기 바랍니다.

증거자료

1. 금융거래입출금내역
2. 금융거래입출금내역
3. 차용증 사본

첨부자료

1. 위 증거자료   각 1부
1. 고소위임장   1부
1. 담당변호사지정서   1부

2021. 3.

위 고소인의 대리인

변호사 페 퍼 포 츠

서울동대문경찰서장 귀중

V. 공판단계

고소대리인의 공판단계에서의 주요 업무는 피해자의 증인신문절차에 동석하거나, 피해자의 진술권 확보 및 사건 진행의 파악에 있다.

1. 공판절차 참여

가. 신뢰관계에 있는 자로서의 동석

> **형사소송법**
>
> **제163조의2(신뢰관계에 있는 자의 동석)**
> ① 법원은 범죄로 인한 피해자를 증인으로 신문하는 경우 증인의 연령, 심신의 상태, 그 밖의 사정을 고려하여 증인이 현저하게 불안 또는 긴장을 느낄 우려가 있다고 인정하는 때에는 직권 또는 피해자·법정대리인·검사의 신청에 따라 피해자와 신뢰관계에 있는 자를 동석하게 할 수 있다.
> ② 법원은 범죄로 인한 피해자가 13세 미만이거나 신체적 또는 정신적 장애로 사물을 변별하거나 의사를 결정할 능력이 미약한 경우에 재판에 지장을 초래할 우려가 있는 등 부득이한 경우가 아닌 한 피해자와 신뢰관계에 있는 자를 동석하게 하여야 한다.
> ③ 제1항 또는 제2항에 따라 동석한 자는 법원·소송관계인의 신문 또는 증인의 진술을 방해하거나 그 진술의 내용에 부당한 영향을 미칠 수 있는 행위를 하여서는 아니 된다.
> ④ 제1항 또는 제2항에 따라 동석할 수 있는 신뢰관계에 있는 자의 범위, 동석의 절차 및 방법 등에 관하여 필요한 사항은 대법원규칙으로 정한다.

형사소송규칙

제84조의3(신뢰관계에 있는 사람의 동석)
① 법 제163조의2에 따라 피해자와 동석할 수 있는 신뢰관계에 있는 사람은 피해자의 배우자, 직계친족, 형제자매, 가족, 동거인, 고용주, 변호사, 그 밖에 피해자의 심리적 안정과 원활한 의사소통에 도움을 줄 수 있는 사람을 말한다.
② 법 제163조의2 제1항에 따른 동석 신청에는 동석하고자 하는 자와 피해자 사이의 관계, 동석이 필요한 사유 등을 명시하여야 한다.
③ 재판장은 법 제163조의2 제1항 또는 제2항에 따라 동석한 자가 부당하게 재판의 진행을 방해하는 때에는 동석을 중지시킬 수 있다.

나. 피해자등의 진술권

형사소송법

제294조의2(피해자등의 진술권)
① 법원은 범죄로 인한 피해자 또는 그 법정대리인(피해자가 사망한 경우에는 배우자·직계친족·형제자매를 포함한다. 이하 이 조에서 "피해자등"이라 한다)의 신청이 있는 때에는 그 피해자등을 증인으로 신문하여야 한다. 다만, 다음 각 호의 어느 하나에 해당하는 경우에는 그러하지 아니하다.
1. 삭제
2. 피해자등 이미 당해 사건에 관하여 공판절차에서 충분히 진술하여 다시 진술할 필요가 없다고 인정되는 경우
3. 피해자등의 진술로 인하여 공판절차가 현저하게 지연될 우려가 있는 경우

② 법원은 제1항에 따라 피해자등을 신문하는 경우 피해의 정도 및 결과, 피고인의 처벌에 관한 의견, 그 밖에 당해 사건에 관한 의견을 진술할 기회를 주어야 한다.

③ 법원은 동일한 범죄사실에서 제1항의 규정에 의한 신청인이 여러 명인 경우에는 진술할 자의 수를 제한할 수 있다.

④ 제1항의 규정에 의한 신청인이 출석통지를 받고도 정당한 이유 없이 출석하지 아니한 때에는 그 신청을 철회한 것으로 본다.

제294조의3(피해자 진술의 비공개)

① 법원은 범죄로 인한 피해자를 증인으로 신문하는 경우 당해 피해자·법정대리인 또는 검사의 신청에 따라 피해자의 사생활의 비밀이나 신변보호를 위하여 필요하다고 인정하는 때에는 결정으로 심리를 공개하지 아니할 수 있다.

② 제1항의 결정은 이유를 붙여 고지한다.

③ 법원은 제1항의 결정을 한 경우에도 적당하다고 인정되는 자의 재정(在廷)을 허가할 수 있다.

2. 사건 진행 파악

형사소송법

제294조의4(피해자 등의 공판기록 열람·등사)

① 소송계속 중인 사건의 피해자(피해자가 사망하거나 그 심신에 중대한 장애가 있는 경우에는 그 배우자·직계친족 및 형제자매를 포함한다), 피해자 본인의 법정대리인 또는 이들로부터 위임을 받은 피해자 본인의 배우자·직계친족·형제자매·변호사는 소송기록의 열람 또는 등사를 재판장에게

> 신청할 수 있다.
> ② 재판장은 제1항의 신청이 있는 때에는 지체 없이 검사, 피고인 또는 변호인에게 그 취지를 통지하여야 한다.
> ③ 재판장은 피해자 등의 권리구제를 위하여 필요하다고 인정하거나 그 밖의 정당한 사유가 있는 경우 범죄의 성질, 심리의 상황, 그 밖의 사정을 고려하여 상당하다고 인정하는 때에는 열람 또는 등사를 허가할 수 있다.
> ④ 재판장이 제3항에 따라 등사를 허가하는 경우에는 등사한 소송기록의 사용목적을 제한하거나 적당하다고 인정하는 조건을 붙일 수 있다.
> ⑤ 제1항에 따라 소송기록을 열람 또는 등사한 자는 열람 또는 등사에 의하여 알게 된 사항을 사용함에 있어서 부당히 관계인의 명예나 생활의 평온을 해하거나 수사와 재판에 지장을 주지 아니하도록 하여야 한다.
> ⑥ 제3항 및 제4항에 관한 재판에 대하여는 불복할 수 없다.

고소대리인으로서 사건을 파악하기 위해서는 관련 자료의 확보가 우선이다. 따라서 고소대리인으로서는 피고인이 어떠한 입장을 취하고 있는지 확인할 필요가 있는 경우가 있다. 통상적으로 공판기록을 복사해서 볼 수 있고, 때로는 피고인 측의 의견서나 항소이유서 등을 확인해 볼 수도 있다. 다만, 사건의 성질상 피고인이 공소사실에 대하여 부인하고 있는 등 다툼의 소지가 많은 경우에는 고소대리인의 공판기록에 대한 열람 및 등사 신청이 불허되는 경우가 있으니 주의를 요한다.

[기재례]

참 고 자 료(엄벌탄원서)

사 건   2020고단**** 특수폭행등
피해자   ○○○
피고인   ♥♥♥

　　　　 위 피해자의 대리인
　　　　 변호사 회 기 동

서울북부지방법원 형사★단독 귀중

참 고 자 료(엄벌탄원서)

사　　건　　2020고단**** 특수폭행등
피 해 자　　○○○
피 고 인　　♥♥♥

위 사건에 관하여 신청인의 대리인은 다음과 같이 피해자의 진정서(엄벌탄원서)를 제출하오니, 피고인을 엄벌에 처하여 주시기 바랍니다.

첨 부 서 류

1. 피해자의 진정서(엄벌탄원서)　　　　　1부

2020. 12.
피해자 변호사
변호사　회 기 동

서울북부지방법원 형사★단독 귀중

VI. 불복절차

1. 경찰

> **형사소송법**
>
> **제245조의5(사법경찰관의 사건송치 등)** 사법경찰관은 고소·고발 사건을 포함하여 범죄를 수사한 때에는 다음 각 호의 구분에 따른다.
> 1. 범죄의 혐의가 있다고 인정되는 경우에는 지체 없이 검사에게 사건을 송치하고, 관계 서류와 증거물을 검사에게 송부하여야 한다.
> 2. 그 밖의 경우에는 그 이유를 명시한 서면과 함께 관계 서류와 증거물을 지체 없이 검사에게 송부하여야 한다. 이 경우 검사는 송부받은 날부터 90일 이내에 사법경찰관에게 반환하여야 한다.
>
> **제245조의6(고소인 등에 대한 송부통지)** 사법경찰관은 제245조의5 제2호의 경우에는 그 송부한 날부터 7일 이내에 서면으로 고소인·고발인·피해자 또는 그 법정대리인(피해자가 사망한 경우에는 그 배우자·직계친족·형제자매를 포함한다)에게 사건을 검사에게 송치하지 아니하는 취지와 그 이유를 통지하여야 한다.
>
> **제245조의7(고소인 등의 이의신청)**
> ① 제245조의6의 통지를 받은 사람(고발인을 제외한다)은 해당 사법경찰관의 소속 관서의 장에게 이의를 신청할 수 있다.
> ② 사법경찰관은 제1항의 신청이 있는 때에는 지체 없이 검사에게 사건을 송치하고 관계 서류와 증거물을 송부하여야 하며, 처리결과와 그 이유를 제1항의 신청인에게 통지하여야 한다.

고소대리인으로서 경찰단계에서의 목표는 '사건의 송치'이다. 그런데, 경찰이 '불송치 결정'을 내리는 경우가 있다. 이때에는 불송치 결정을 내린 경찰서장에게 이의를 신청함으로써 불복할 수 있다.

2. 검찰

가. 항고 및 재항고

> **검찰청법**
>
> **제10조(항고 및 재항고)**
> ① 검사의 불기소처분에 불복하는 고소인이나 고발인은 그 검사가 속한 지방검찰청 또는 지청을 거쳐 서면으로 관할 고등검찰청 검사장에게 항고할 수 있다. 이 경우 해당 지방검찰청 또는 지청의 검사는 항고가 이유 있다고 인정하면 그 처분을 경정(更正)하여야 한다.
> ② 고등검찰청 검사장은 제1항의 항고가 이유 있다고 인정하면 소속 검사로 하여금 지방검찰청 또는 지청 검사의 불기소처분을 직접 경정하게 할 수 있다. 이 경우 고등검찰청 검사는 지방검찰청 또는 지청의 검사로서 직무를 수행하는 것으로 본다.
> ③ 제1항에 따라 항고를 한 자[「형사소송법」 제260조에 따라 재정신청(裁定申請)을 할 수 있는 자는 제외한다. 이하 이 조에서 같다]는 그 항고를 기각하는 처분에 불복하거나 항고를 한 날부터 항고에 대한 처분이 이루어지지 아니하고 3개월이 지났을 때에는 그 검사가 속한 고등검찰청을 거쳐 서면으로 검찰총장에게 재항고할 수 있다. 이 경우 해당 고등검찰청의 검사는 재항고가 이유 있다고 인정하면 그 처분을 경정하여야 한다.

> ④ 제1항의 항고는 「형사소송법」 제258조 제1항에 따른 통지를 받은 날부터 30일 이내에 하여야 한다.
> ⑤ 제3항의 재항고는 항고기각 결정을 통지받은 날 또는 항고 후 항고에 대한 처분이 이루어지지 아니하고 3개월이 지난 날부터 30일 이내에 하여야 한다.
> ⑥ 제4항과 제5항의 경우 항고 또는 재항고를 한 자가 자신에게 책임이 없는 사유로 정하여진 기간 이내에 항고 또는 재항고를 하지 못한 것을 소명하면 그 항고 또는 재항고 기간은 그 사유가 해소된 때부터 기산한다.
> ⑦ 제4항 및 제5항의 기간이 지난 후 접수된 항고 또는 재항고는 기각하여야 한다. 다만, 중요한 증거가 새로 발견된 경우 고소인이나 고발인이 그 사유를 소명하였을 때에는 그러하지 아니하다.

사건이 송치되었으나 검사가 기소하지 않은 경우 항고 및 재항고를 통해서 불복할 수 있다. 다만, 항고가 인용되어 재기수사명령 등이 나오더라도 이를 재수사한 검사는 재차 불기소처분을 내릴 수 있다는 점을 유념해야 한다. 즉, 검찰청법 제10조 제1항에 따른 처분의 경정은 기소를 의미하는 것이 아니다.

나. 재정신청

재정신청절차는 고소·고발인이 검찰의 불기소처분에 불복하여 법원에 그 당부에 관한 판단을 구하는 것이다. 검사의 불기소처분에 대하여 항고를 거친 이후 재정신청도 고려할 수 있다.

형사소송법

제260조(재정신청)

① 고소권자로서 고소를 한 자(「형법」 제123조부터 제126조까지의 죄에 대하여는 고발을 한 자를 포함한다. 이하 이 조에서 같다)는 검사로부터 공소를 제기하지 아니한다는 통지를 받은 때에는 그 검사 소속의 지방검찰청 소재지를 관할하는 고등법원(이하 "관할 고등법원"이라 한다)에 그 당부에 관한 재정을 신청할 수 있다. 다만, 「형법」 제126조의 죄에 대하여는 피공표자의 명시한 의사에 반하여 재정을 신청할 수 없다.

② 제1항에 따른 재정신청을 하려면 「검찰청법」 제10조에 따른 항고를 거쳐야 한다. 다만, 다음 각 호의 어느 하나에 해당하는 경우에는 그러하지 아니하다.
  1. 항고 이후 재기수사가 이루어진 다음에 다시 공소를 제기하지 아니한다는 통지를 받은 경우
  2. 항고 신청 후 항고에 대한 처분이 행하여지지 아니하고 3개월이 경과한 경우
  3. 검사가 공소시효 만료일 30일 전까지 공소를 제기하지 아니하는 경우

③ 제1항에 따른 재정신청을 하려는 자는 항고기각 결정을 통지받은 날 또는 제2항 각 호의 사유가 발생한 날부터 10일 이내에 지방검찰청검사장 또는 지청장에게 재정신청서를 제출하여야 한다. 다만, 제2항 제3호의 경우에는 공소시효 만료일 전날까지 재정신청서를 제출할 수 있다.

④ 재정신청서에는 재정신청의 대상이 되는 사건의 범죄사실 및 증거 등 재정신청을 이유 있게 하는 사유를 기재하여야 한다.

제262조의2(재정신청사건 기록의 열람·등사 제한) 재정신청사건의 심리 중에는 관련 서류 및 증거물을 열람 또는 등사할 수 없다. 다만, 법원은 제262조 제2항 후단의 증거조사과정에서 작성된 서류의 전부 또는 일부의 열람 또는 등사를 허가할 수 있다.

> **제264조(대리인에 의한 신청과 1인의 신청의 효력, 취소)**
> ① 재정신청은 대리인에 의하여 할 수 있으며 공동신청권자 중 1인의 신청은 그 전원을 위하여 효력을 발생한다.
> ② 재정신청은 제262조 제2항의 결정이 있을 때까지 취소할 수 있다. 취소한 자는 다시 재정신청을 할 수 없다.
> ③ 전항의 취소는 다른 공동신청권자에게 효력을 미치지 아니한다.

> **주요 판례**
>
> **대법원 2015. 7. 16.자 2013모2347 전원합의체 결정**
> 형사소송법이 법정기간의 준수에 대하여 도달주의 원칙을 정하고 그에 대한 예외로서 재소자 피고인 특칙을 제한적으로 인정하는 취지는 소송절차의 명확성, 안정성과 신속성을 도모하기 위한 것이며, 재정신청절차에 대하여 재소자 피고인 특칙의 준용 규정을 두지 아니한 것도 마찬가지이다. 재정신청절차는 고소·고발인이 검찰의 불기소처분에 불복하여 법원에 그 당부에 관한 판단을 구하는 절차로서 검사가 공소를 제기하여 공판절차가 진행되는 형사재판절차와는 다르며, 또한 고소·고발인인 재정신청인은 검사에 의하여 공소가 제기되어 형사재판을 받는 피고인과는 지위가 본질적으로 다르다. 재정신청 기각결정에 대한 재항고나 그 재항고 기각결정에 대한 즉시항고로서의 재항고에 대한 법정기간의 준수 여부는 도달주의 원칙에 따라 재항고장이나 즉시항고장이 법원에 도달한 시점을 기준으로 판단하여야 하고, 거기에 재소자 피고인 특칙은 준용되지 아니한다.

대법원 1997. 4. 22.자 97모30 결정

재정신청 제기기간이 경과된 후에 재정신청보충서를 제출하면서 원래의 재정신청에 재정신청 대상으로 포함되어 있지 않은 고발사실을 재정신청의 대상으로 추가한 경우, 그 재정신청보충서에서 추가한 부분에 관한 재정신청은 법률상 방식에 어긋난 것으로서 부적법하다. 공소를 제기하지 아니하는 검사의 처분의 당부에 관한 재정신청이 있는 경우에 법원은 검사의 무혐의 불기소처분이 위법하다 하더라도 기록에 나타난 여러 가지 사정을 고려하여 기소유예의 불기소처분을 할 만한 사건이라고 인정되는 경우에는 재정신청을 기각할 수 있다.

대법원 2018. 12. 28. 선고 2014도17182 판결

형사소송법 제262조 제4항 후문은 재정신청 기각결정이 확정된 사건에 대하여는 다른 중요한 증거를 발견한 경우를 제외하고는 소추할 수 없다고 규정하고 있다. 여기에서 '다른 중요한 증거를 발견한 경우'란 재정신청 기각결정 당시에 제출된 증거에 새로 발견된 증거를 추가하면 충분히 유죄의 확신을 가지게 될 정도의 증거가 있는 경우를 말하고, 단순히 재정신청 기각결정의 정당성에 의문이 제기되거나 범죄 피해자의 권리를 보호하기 위하여 형사재판절차를 진행할 필요가 있는 정도의 증거가 있는 경우는 여기에 해당하지 않는다. 그리고 관련 민사판결에서의 사실인정 및 판단은, 그러한 사실인정 및 판단의 근거가 된 증거자료가 새로 발견된 증거에 해당할 수 있음은 별론으로 하고, 그 자체가 새로 발견된 증거라고 할 수는 없다.

대법원 2017. 11. 14. 선고 2017도13465 판결

법원이 재정신청 대상 사건이 아님에도 이를 간과한 채 형사소송법 제262조 제2항 제2호에 따라 공소제기결정을 하였더라도, 그에 따른 공소가 제기되어 본안사건의 절차가 개시된 후에는 다른 특별한 사정이 없는 한 본안사건에서 위와 같은 잘못을 다툴 수 없다.

대법원 2010. 11. 11. 선고 2009도224 판결

법원이 재정신청서에 재정신청을 이유 있게 하는 사유가 기재되어 있지 않음에도 이를 간과한 채 형사소송법 제262조 제2항 제2호 소정의 공소제기결정을 한 관계로 그에 따른 공소가 제기되어 본안사건의 절차가 개시된 후에는, 다른 특별한 사정이 없는 한 이제 그 본안사건에서 위와 같은 잘못을 다툴 수 없다. 그렇지 아니하고 위와 같은 잘못을 본안사건에서 다툴 수 있다고 한다면 이는 재정신청에 대한 결정에 대하여 그것이 기각결정이든 인용결정이든 불복할 수 없도록 한 같은 법 제262조 제4항의 규정취지에 위배하여 형사소송절차의 안정성을 해칠 우려가 있기 때문이다. 또한 위와 같은 잘못은 본안사건에서 공소사실 자체에 대하여 무죄, 면소, 공소기각 등을 할 사유에 해당하는지를 살펴 무죄 등의 판결을 함으로써 그 잘못을 바로잡을 수 있다. 뿐만 아니라 본안사건에서 심리한 결과 범죄사실이 유죄로 인정되는 때에는 이를 처벌하는 것이 오히려 형사소송의 이념인 실체적 정의를 구현하는 데 보다 충실하다는 점도 고려하여야 한다.

재정신청서에 형사소송법 제260조 제4항에 정한 사항의 기재가 없어서 법원으로서는 그 재정신청이 법률상의 방식에 위배된 것으로서 이를 기각하여야 함에도, 심판대상인 사기 부분을 포함한 고소사실 전부에 관하여 공소제기결정을 한 잘못이 있고 나아가 그 결정에 따라 공소제기가 이루어졌다 하더라도, 공소사실에 대한 실체판단에 나아간 제1심판결을 유지한 원심의 조치를 정당하다고 한 사례.

대법원 1996. 7. 16.자 96모53 결정

검사의 공소를 제기하지 아니하는 처분의 당부에 관한 재정신청에 당하는 법원은 검사의 무혐의 불기소처분이 위법하다 하더라도 기록에 나타난 여러 가지 사정을 고려하여 기소유예의 불기소처분을 할 만한 사건이라고 인정되는 경우에는 재정신청을 기각할 수 있는 것이다.

대법원 2012. 10. 29.자 2012모1090 결정

형사소송법(이하 '법'이라고만 한다) 제262조 제2항, 제4항은 검사의 불기소처분에 따른 재정신청에 대한 법원의 재정신청기각 또는 공소제기의 결정에 불복할 수 없다고 규정하고 있는바, 법 제262조 제2항 제2호의 공소제기결정에 잘못이 있는 경우에는 그 공소제기에 따른 본안사건의 절차가 개시되어 본안사건 자체의 재판을 통하여 대법원의 최종적인 판단을 받는 길이 열려 있으므로, 이와 같은 공소제기의 결정에 대한 재항고를 허용하지 않는다고 하여 재판에 대하여 최종적으로 대법원의 심사를 받을 수 있는 권리가 침해되는 것은 아니고, 따라서 법 제262조 제2항 제2호의 공소제기결정에 대하여는 법 제415조의 재항고가 허용되지 않는다고 보아야 할 것이다.

대법원 1998. 12. 14.자 98모127 결정

재정신청서에 대하여는 형사소송법에 제344조 제1항과 같은 특례규정이 없으므로 재정신청서는 같은 법 제260조 제2항이 정하는 기간 안에 불기소처분을 한 검사가 소속한 지방검찰청의 검사장 또는 지청장에게 도달하여야 하고, 설령 구금중인 고소인이 재정신청서를 그 기간 안에 교도소장 또는 그 직무를 대리하는 사람에게 제출하였다 하더라도 재정신청서가 위의 기간 안에 불기소처분을 한 검사가 소속한 지방검찰청의 검사장 또는 지청장에게 도달하지 아니한 이상 이를 적법한 재정신청서의 제출이라고 할 수 없다.

[기재례]

항 고 이 유 서

사　　건　　　　2022고불항*****　　　　폭행치상

고소인(항고인)　　아 안 느

　　　　　　　　　　고소인(항고인)　　의 대리인

　　　　　　　　　　변호사 김 성 주

피고소인(피항고인)　메 추 리

광주고등검찰청 귀중

항고이유서

사 건　　2022고불항*****　　　　폭행치상
고소인(항고인)　아 안 느

위 사건에 관하여 고소인(항고인, 이하 '고소인'이라고만 합니다)의 대리인은 다음과 같이 항고이유를 개진합니다.

다 음

1. 피의사실의 요지

『피의자는 2022. 2. 13. 회기역 1번 출구에서 고소인을 발견하고 고소인이 대화를 요청하며 피의자의 팔을 잡자, 자신의 팔로 고소인을 밀고 잡아당기는 방법으로 폭행을 가하여 고소인에게 약 14일간의 치료가 필요한 요추부 염좌 등을 가하였다.』는 것으로서 폭행치상에 관한 것입니다.

2. 검사의 불기소처분

가. 검사의 각하 처분

위 피의사실에 대하여 검사는 2020. 3. 25. 각하 처분을 내렸습니다(증제1호증 불기소처분 통지서 참조).

나. 검사의 불기소 이유

검사는, 본 건 피의사실이, 고소인이 출근하는 피의자(피항소인, 이하 '피의자'라고만 합니다)가 만나 주지 않는다는 이유로 출근길을 지키고 있던 중 갑자기 나타나 피의자 메추리를 강제로 끌고 가려고 하여 이에 놀란 피의자가 도망가기 위해 잡힌 팔을 뿌리치는 과정에서 실랑이가 벌어진 것으로 이는 사회상규에 위배되지 않는 정당행위로 보아 수사의 필요성이 없다고 판단하였습니다.

3. 항고이유

그러나 다음에서 보시는 바와 같이 수사에 미흡한 점이 있는 있는바 처분을 경정할 필요가 있다고 할 것입니다.

가. 사실인정 부분에 대한 미흡한 부실 수사

1) 고소인이 피의자를 찾아가게 된 경위

각하된 이 사건 불기소이유 통지서의 수사결과 및 의견란을 보면, '고소인이 출근하는 피의자 메추리가 만나 주지 않는다는 이유로 출근길을 지키고 있었다'고 보아, 마치 고소인을 스토커인 양 묘사했습니다. 그러나 이는 사실과 전혀 다른 판단이라고 하겠습니다.

고소인은 2019. 7.경 모바일게임 정식 모임에서 피의자를 처음 만난 이후, 혼인을 전제로 피의자와 교제했고, 그 결과 고소인의 전처와는 이혼하기도 했습니다. 그러다가 2020. 1.경 혼인 허락 여부에 있어서 피의자의 부모와 갈등이 있었고, 2020. 12. 15.경에는 피의자가 고속터미널역에 위치한 영화관에서 다른 남성과 함께 있는 것을 목격하고 결국 피의자와 결별하게 되었습니다.

이후 고소인은 피의자에게 준 돈을 반환받는 문제에 대하여 논의를 하던 중, 피의자가 돌연 고소인과의 연락을 끊어 버리게 되어 금원의 반환 문제를 위해 피의자를 기다렸던 것이지, 단순히 피의자가 고소인을 만나 주지 않는다는 이유 때문인 것은 아닙니다.

2) 고소인이 피의자를 강제로 끌고 가려고 한 사실이 없음

당시 사건이 발생했던 장소는 지하철 역사 내로 불특정 다수의 사람들의 왕래가 많은 곳이었습니다. 그런 장소에서 고소인이 피의자를 강제로 끌고 가려고 했다는 것은 경험칙상 부합하지 않는다고 할 것입니다.

피의자의 고소인에 대한 사건도 마찬가지겠지만, 이 사건 역시 사건을 두루 살피지 아니하고 오로지 피의자의 진술에만 의존하여 사실의 진위를 가리는 데 소홀히 했다고 볼 것입니다.

나. 형평성의 문제

고소인은 피의자가 고소인을 만나 주지 않는다는 이유로 피의자의 출근길을 지키고 있었던 것이 아닙니다. 고소인은 피의자에게 "비용 반환에 대한 대화"를 요구하며, 잠깐 팔을 잡았던 것뿐입니다. 그럼에도 불구하고 고소인의 피의사건은 약식으로 기소되고, 이 사건은 각하되는 것은 형평성에 문제를 제기하지 아니할 수 없습니다. 물론, 고소인의 피의사건의 진실은 재판 과정에서 드러나게 될 것입니다.

다. 법리오해

주지하다시피, 형법 제260조에 규정된 폭행죄는 사람의 신체에 대한 유형력의 행사를 의미합니다(대법원 2003. 1. 10. 선고 2000도5716 판결). 처분 검사는 피의자는 고소인으로부터 벗어나기 위해 잡힌 팔을 뿌리치는 과정에서 고소인을 폭행한 것으로 판단하고 있습니다. 이 행위가 사회상규상 위배되지 않는 정당행위라면, 앞서 살펴본 일련의 상황 속에서 고소인이 피의자와 대화를 나누기 위해 팔을 잡은 것 역시 정당행위로 볼 수밖에 없다는 점에서, 이 사건 처분은 매우 잘못된 것이라고 하겠습니다.

4. 결론

지금까지 살펴본 바와 같이 고소인의 진술을 구체적으로 들여다보지 아니한 채 이 사건에 대하여 각하처분을 한 것은 1차적으로 검사의 미흡한 수사에서 비롯된 것이라고 하겠습니다. 이에 항고인은 본 항고이유서를 제출하오니 불기소처분 범죄사실에 대한 재수사를 명하여 주시기를 간절히 바랍니다.

2022. 4.
항고인의 대리인
변호사 김 성 주

광주고등검찰청 귀중

3. 법원

수사단계와 달리 공판단계에서는 달리 불복절차가 규정되어 있지 않다. 피고소인이 무죄 판결 또는 고소인이 기대에 미치지 못하는 양형으로 선고된 경우, 실무상 '공판검사실'에 항소를 해 달라는 취지의 의견서를 제출한다.

제4장

피의사건

피의
사건

Ⅰ. 개관

형사사건 변호사의 가장 기초적이고 기본적인 업무 영역이다. 다만, 피의사건 방어에 착수하기 전에 먼저 선임 계약이 이루어져야 함은 이를 강조해도 지나치지 않다. 선임 계약은 무료일 수도 있고, 유료일 수도 있다. 그리고 계약 기간 역시 정하는 바에 따라 다르다. 조력의 시기나 범위를 달리 정할 수 있음은 계약 자유의 원칙상 당연하다.

> **형사소송법**
>
> **제195조(검사와 사법경찰관의 관계 등)**
> ① 검사와 사법경찰관은 수사, 공소제기 및 공소유지에 관하여 서로 협력하여야 한다.
> ② 제1항에 따른 수사를 위하여 준수하여야 하는 일반적 수사준칙에 관한 사항은 대통령령으로 정한다.
>
> **제196조(검사의 수사)** 검사는 범죄의 혐의가 있다고 사료하는 때에는 범인, 범죄사실과 증거를 수사한다.

제197조(사법경찰관리)

① 경무관, 총경, 경정, 경감, 경위는 사법경찰관으로서 범죄의 혐의가 있다고 사료하는 때에는 범인, 범죄사실과 증거를 수사한다.
② 경사, 경장, 순경은 사법경찰리로서 수사의 보조를 하여야 한다.
③ 삭제
④ 삭제
⑤ 삭제
⑥ 삭제

제197조의2(보완수사요구)

① 검사는 다음 각 호의 어느 하나에 해당하는 경우에 사법경찰관에게 보완수사를 요구할 수 있다.
　1. 송치사건의 공소제기 여부 결정 또는 공소의 유지에 관하여 필요한 경우
　2. 사법경찰관이 신청한 영장의 청구 여부 결정에 관하여 필요한 경우
② 사법경찰관은 제1항의 요구가 있는 때에는 정당한 이유가 없는 한 지체 없이 이를 이행하고, 그 결과를 검사에게 통보하여야 한다.
③ 검찰총장 또는 각급 검찰청 검사장은 사법경찰관이 정당한 이유 없이 제1항의 요구에 따르지 아니하는 때에는 권한 있는 사람에게 해당 사법경찰관의 직무배제 또는 징계를 요구할 수 있고, 그 징계 절차는 「공무원 징계령」 또는 「경찰공무원 징계령」에 따른다.

제197조의3(시정조치요구 등)

① 검사는 사법경찰관리의 수사과정에서 법령위반, 인권침해 또는 현저한 수사권 남용이 의심되는 사실의 신고가 있거나 그러한 사실을 인식하게 된 경우에는 사법경찰관에게 사건기록 등본의 송부를 요구할 수 있다.
② 제1항의 송부 요구를 받은 사법경찰관은 지체 없이 검사에게 사건기록 등본을 송부하여야 한다.

③ 제2항의 송부를 받은 검사는 필요하다고 인정되는 경우에는 사법경찰관에게 시정조치를 요구할 수 있다.

④ 사법경찰관은 제3항의 시정조치 요구가 있는 때에는 정당한 이유가 없으면 지체 없이 이를 이행하고, 그 결과를 검사에게 통보하여야 한다.

⑤ 제4항의 통보를 받은 검사는 제3항에 따른 시정조치 요구가 정당한 이유 없이 이행되지 않았다고 인정되는 경우에는 사법경찰관에게 사건을 송치할 것을 요구할 수 있다.

⑥ 제5항의 송치 요구를 받은 사법경찰관은 검사에게 사건을 송치하여야 한다.

⑦ 검찰총장 또는 각급 검찰청 검사장은 사법경찰관리의 수사과정에서 법령위반, 인권침해 또는 현저한 수사권 남용이 있었던 때에는 권한 있는 사람에게 해당 사법경찰관리의 징계를 요구할 수 있고, 그 징계 절차는 「공무원 징계령」 또는 「경찰공무원 징계령」에 따른다.

⑧ 사법경찰관은 피의자를 신문하기 전에 수사과정에서 법령위반, 인권침해 또는 현저한 수사권 남용이 있는 경우 검사에게 구제를 신청할 수 있음을 피의자에게 알려 주어야 한다.

제245조의5(사법경찰관의 사건송치 등) 사법경찰관은 고소·고발 사건을 포함하여 범죄를 수사한 때에는 다음 각 호의 구분에 따른다.

1. 범죄의 혐의가 있다고 인정되는 경우에는 지체 없이 검사에게 사건을 송치하고, 관계 서류와 증거물을 검사에게 송부하여야 한다.

2. 그 밖의 경우에는 그 이유를 명시한 서면과 함께 관계 서류와 증거물을 지체 없이 검사에게 송부하여야 한다. 이 경우 검사는 송부받은 날부터 90일 이내에 사법경찰관에게 반환하여야 한다.

제245조의6(고소인 등에 대한 송부통지) 사법경찰관은 제245조의5 제2호의 경우에는 그 송부한 날부터 7일 이내에 서면으로 고소인·고발인·

피해자 또는 그 법정대리인(피해자가 사망한 경우에는 그 배우자·직계친족·형제자매를 포함한다)에게 사건을 검사에게 송치하지 아니하는 취지와 그 이유를 통지하여야 한다.

제245조의7(고소인 등의 이의신청)
① 제245조의6의 통지를 받은 사람은 해당 사법경찰관의 소속 관서의 장에게 이의를 신청할 수 있다.
② 사법경찰관은 제1항의 신청이 있는 때에는 지체 없이 검사에게 사건을 송치하고 관계 서류와 증거물을 송부하여야 하며, 처리결과와 그 이유를 제1항의 신청인에게 통지하여야 한다.

제245조의8(재수사요청 등)
① 검사는 제245조의5 제2호의 경우에 사법경찰관이 사건을 송치하지 아니한 것이 위법 또는 부당한 때에는 그 이유를 문서로 명시하여 사법경찰관에게 재수사를 요청할 수 있다.
② 사법경찰관은 제1항의 요청이 있는 때에는 사건을 재수사하여야 한다.

피의사건의 구조를 먼저 파악할 필요가 있다. 피의사건은 결국 크게 두 갈래의 방향의 길밖에 없다. 첫째, 혐의를 다퉈서 불송치 결정이나 불기소처분을 받는 것과 둘째, 혐의를 인정하여 공소권 없음이나, 기소유예 등 불기소처분을 받는 것이다.

2020. 2. 4. 법률 제16924호로 일부 개정되고 2021. 1. 1.부터 시행된 형사소송법에 따라 경찰과 검사 사이의 수사권 조정이 이루어졌으며, 그 결과 경찰도 '불송지 결정'을 할 수 있게 되었다. 과거 경찰이 수사한 이후 '기소 의견' 또는 '불기소 의견'으로 모든 사건을 검사에게 송치한 것에서, 수사권이 부여됨에 따라 '불송치'를 할 수 있게 된 것이다. 물론, 검사가 이에 대하여 재수사를 요청할 수도 있다. 아울러, 경찰이 송치한 사건에 대하여 경찰의 불송치 결정과는 반대로 '보완수사'를 요구할 수도 있다.

경찰의 불송치 결정에 대한 재수사 요구 또는 고소인의 이의신청 및 경찰의 송치에 대한 보완수사 등으로 인하여 수사가 지연되고 있는 것 또한 부정할 수 없다. 과거 경찰이 무조건 사건을 송치하던 시기가 있었으므로 이에 대한 관성 작용으로 혐의가 없는 사건도 불송치 결정을 하는 것에 주저하는 모습을 보이고 있고, 따라서 불송치 결정을 제대로 하지 않음에 따라 검사 역시 송치된 사건에 대하여 보완수사를 요구할 수밖에 없으며 이는 사건 지연으로 이어지고 결국 이로 인한 손해는 결국 국민인 고소인이나 피의자의 몫으로 돌아가고 있는 실정이다. 위와 같은 법 개정이 과연 국민을 위한 것이었는지 또는 정치적인 목적에서 비롯된 것인지 의심하지 않을 수 없다.

II. 피의사실의 확인

형사사건을 수임하여 업무를 개시함에 있어 제일 우선되어야 할 것은 '피의사실의 확인'에 있다. 피의사실을 알아야 방어할 수 있기 때문이다.

사례마다 다르긴 하지만, 가장 확실한 것은 정보공개를 통해 고소장이나 경찰에서 조사를 1회 받았다면 이에 대한 피의자신문조서를 확보하는 것이 중요하다. 또는, 선임계를 제출한 이후 담당 수사관과 직접 통화하여 죄명이나 피의사실을 확인하는 것도 하나의 방법일 수 있다.

피의사실을 직접 확인해야 하는 이유는, 수사단계에서는 사건기록에 대한 열람 및 복사가 불허되므로 의뢰인의 말로써는 사건을 이해하는 데 한계가 있기 때문이다.

Ⅲ. 증거보전신청

> **형사소송법**
>
> **제184조(증거보전의 청구와 그 절차)**
> ① 검사, 피고인, 피의자 또는 변호인은 미리 증거를 보전하지 아니하면 그 증거를 사용하기 곤란한 사정이 있는 때에는 제1회 공판기일 전이라도 판사에게 압수, 수색, 검증, 증인신문 또는 감정을 청구할 수 있다.
> ② 전항의 청구를 받은 판사는 그 처분에 관하여 법원 또는 재판장과 동일한 권한이 있다.
> ③ 제1항의 청구를 함에는 서면으로 그 사유를 소명하여야 한다.
> ④ 제1항의 청구를 기각하는 결정에 대하여는 3일 이내에 항고할 수 있다.
>
> **제185조(서류의 열람 등)** 검사, 피고인, 피의자 또는 변호인은 판사의 허가를 얻어 전조의 처분에 관한 서류와 증거물을 열람 또는 등사할 수 있다.

피의사실을 확인한 이후 고려해야 할 것은 증거보전신청이다. 행위 여부가 쟁점이 되는 사례에서 진술보다 더욱 강력한 것은 객관적인 증거다. 물론, 증거보전신청의 대상이 반드시 객관적인 증거를 뜻하는 것은 아니지만, 이 절차를 통해 이를테면 CCTV 영상과 같은 객관적인 증거를 확보하게 된다면 사건의 방향을 결정하는 데 큰 도움이 될 것은 명약관화하다. 증거보전신청을 통해 확보한 증거는, 사건의 유·불리를 파악한 이후 수사기관에 증거로서 제출 여부를 결정하면 된다. 증거보전신청을 통해 확보한 증거를 수사기관에 제출할 의무는 없기 때문이다.

[기재례]

증 거 보 전 청 구 서

사　　건　준강간
피 의 자　다람쥐(******-*******)
　　　　　주소 :
　　　　　피의자의 변호인 ○○○

의정부지방법원 고양지원 귀중

증거보전청구서

사 건 준강간

피의자 다람쥐(******-*******)

위 사건에 관하여 피의자의 변호인은 다음과 같이 증거의 보전을 청구합니다.

다 음

1. 사건의 개요

피의자와 고소인은 과거 연인 관계인 사이이고 2022. 6. 18.경 이별을 한 이후에도 종종 연락하며 지내던 사이였습니다. 피의자와 고소인은 2022. 11. 19. 01:36경부터 메신저로 대화를 하면서 서로 동의하에 약속을 잡게 되었고 같은 날 03:40경 서울 ***에 위치한 '**** **점'에서 만나서 식사와 음주를 하게 되었습니다. 피의자와 고소인은 경제적인 부분과 가족 이야기와 같은 대화를 이어 갔으며, 고소인이 현재 만나는 남자친구를 바로 정리하기 어려우니 "피의자를 일주일 동안 만나 보고 싶다."는 말을 피의자에게 하기도 하였고, 함께 담배를 피우러 나가서 동의하에 키스를 하기도 하였습니다. 같은 날 06:18경 식당에서 나와서 고소인의 집으로 가서 더 이야기를 하기 위해 이동하였고, 고소인의 집에 도착하여 고소인의 침대에 같이 누워 스킨십을 하다 합의하에 성관계를 하였습니다. 그런데 고소인이 갑자기 관계를 거부하여 관계를 중단하였고, 피의자는 고소인과 다시 만나는 문제에 대해 대화를 하다가 고소인이 자꾸 말을 바꾸며 심한 감정 기복을 보여 대화가 어렵다고 생각한 피의자는 고소인의 집에서 나오게 되었습니다. 고소인은 피의자에게 강간을 당하였다고 주장하며 경찰에 신고하였고 피의자는 고소인의 항거불능 상태를 이용하여 준강간의 행위를 했다는 피의사실로 관악경찰서에서 수사 중에 있습니다.

2. 증명할 사실

위에서 설명드린 바와 같이 피의자는 고소인과의 성관계를 맺는 과정에서 상대방 의사에 반하는 행동을 한 사실이 없습니다. 아울러 고소인의 심신상실 또는 항거불능의 상태를 이용하여 간음하지도 않았습니다. 결국, 이 사건의 쟁점은 사건 발생 당시 고소인이 만취하여 심신상실 또는 항거불능의 상태에 있었는지 여부라고 할 것입니다. 이에 대하여 피의자는 고소인과 동의하에 성관계를 하였고 그와 같이 만취하지 않았다는 입장인바 고소인이 심신상실 또는 항거불능 상태가 아니었음을 증명하고자 합니다.

3. 증거보전 할 방법

서울 ***에 위치한 '**** **점'에서 보관·관리 중인 2022. 11. 19. 05:00부터 같은 날 05:30까지, 같은 날 06:10부터 같은 날 06:25까지 피의자와 고소인의 모습을 비추는 CCTV, 서울 ***, 8층에 위치한 ***청 스마트정보과장이 보관·관리 중인 2022. 11. 19. 06:20부터 같은 날 06:50까지 피의자와 고소인의 이동하는 모습을 비추는 CCTV(관리번호: ***)의 영상녹화 부분이 저장되어 있는 컴퓨터 하드디스크 등 전자기록매체의 해당 파일에 대한 <u>압수</u>

4. 증거보전을 필요로 하는 사유

피의자는 2022. 11. 19. 03:40경, 고소인과 만나서 음주와 식사를 하고 합의하에 스킨십을 나누었으며 이후 고소인의 집에서 합의하에 성관계를 가졌으나 고소인은 피의자를 준강간으로 신고하였습니다. 해당 시점은 사건이 발생하였다고 주장하는 직전의 피의자와 고소인의 모습이 담겨 있는 영상으로서 이를 통해 고소인이 심신상실 또는 항거불능의 상태에 있었는지 여부를 판단할 수 있는 중요한 증거자료가 될 수 있다고 할 것입니다.

피의자가 해당 CCTV 관리자인 **** **점과 ***청 스마트정보과장에 문의하여 본바, 촬영된 영상의 보관기간이 길지 않으며 그 이후에는 자료가 삭제된다고 합니다. 현시점에서 피의자의 요청만으로 수사기관에서 해당 CCTV 영상을 확보하여 줄 것인지 여부를 알기 어려울 뿐만 아니라, 영상 보존기간이 지나면 이를 확보하고자 하더라도 영상이 삭제되어 확보가 불가능하게 될 위험성이 있는 상황에 있습니다. 이처럼 해당 CCTV 영상은 피의자의 방어권 행사에도 중요한 증거자료가 될 수 있을 뿐만 아니라 사건의 실체적 진실을 규명하는 데도 중요한 자료임이 분명한데, 이를 미리 보전하여 두지 아니하면 증거로 사용하기 곤란한 사정이 있습니다.

5. 결론

이상과 같이 본 청구에 이르게 되었으니, 피의자의 방어권 보장을 위해 본 청구를 인용하여 주시기 바랍니다.

2023. 3. 25.
피의자의 변호인
변호사 ○○○

의정부지방법원 고양지원 귀중

Ⅳ. 참여

1. 의의

가. 헌법재판소 결정

1) 우리 헌법은 변호인의 조력을 받을 권리가 불구속 피의자·피고인 모두에게 포괄적으로 인정되는지 여부에 관하여 명시적으로 규율하고 있지는 않지만, <u>불구속 피의자의 경우에도 변호인의 조력을 받을 권리는 우리 헌법에 나타난 법치국가원리, 적법절차원칙에서 인정되는 당연한 내용이고</u>, 헌법 제12조 제4항도 이를 전제로 특히 신체구속을 당한 사람에 대하여 변호인의 조력을 받을 권리의 중요성을 강조하기 위하여 별도로 명시하고 있다. 피의자·피고인의 구속 여부를 불문하고 조언과 상담을 통하여 이루어지는 변호인의 조력자로서의 역할은 변호인선임권과 마찬가지로 변호인의 조력을 받을 권리의 내용 중 가장 핵심적인 것이고, 변호인과 상담하고 조언을 구할 권리는 변호인의 조력을 받을 권리의 내용 중 구체적인 입법형성이 필요한 다른 절차적 권리의 필수적인 전제요건으로서 변호인의 조력을 받을 권리 그 자체에서 막 바로 도출되는 것이다.

<u>불구속 피의자나 피고인의 경우 형사소송법상 특별한 명문의 규정이 없더라도 스스로 선임한 변호인의 조력을 받기 위하여 변호인을 옆에 두고 조언과 상담을 구하는 것은 수사절차의 개시에서부터 재판절차의 종료에 이르기까지 언제나 가능하다.</u>

따라서 불구속 피의자가 피의자신문시 변호인을 대동하여 신문과정에서 조언과 상담을 구하는 것은 신문과정에서 필요할 때마다 퇴거하여 변호인으로부터 조언과 상담을 구하는 번거로움을 피하기 위한 것으로서 불구속 피의자가 피의자신문장소를 이탈하여 변호인의 조언과 상담을 구하는 것과 본질적으로 아무런 차이가 없다. 형사소송법 제243조는 피의자신문시 의무적으로 참여하여야 하는 자를 규정하고 있을 뿐 적극적으로 위 조항에서 규정한 자 이외의 자의 참여나 입회를 배제하고 있는 것은

아니다. 따라서 불구속 피의자가 피의자신문시 변호인의 조언과 상담을 원한다면, 위법한 조력의 우려가 있어 이를 제한하는 다른 규정이 있고 그가 이에 해당한다고 하지 않는 한 수사기관은 피의자의 위 요구를 거절할 수 없다.[20]

2) 피의자신문은 수사기관이 범죄의 혐의를 받고 있는 피의자의 진술을 통하여 범죄사실과 정상에 관한 필요사항을 물어 직접 증거를 수집하는 절차이고(형사소송법 제242조 참조), 동시에 피의자가 자신에게 유리한 사실을 주장하거나 증거를 제시할 수 있는 기회이다.

피의자신문의 결과는 수사의 방향을 결정하고 피의자에 대한 기소 및 유죄 입증에 중요한 증거자료로 사용될 수 있으므로, 형사절차에서 매우 중요한 의미를 가진다. 특히, 수사기관이 작성한 피의자신문조서에 기록된 피의자의 자백은 피의자에게 결정적으로 불리한 증거가 될 수 있기 때문에, 수사기관이 피의자신문을 통하여 피의자의 자백을 받아 내고자 위압적인 분위기를 조성하거나 그러한 방법을 사용하게 될 위험성을 배제할 수 없다.

형사소송절차에 있어서는 수사기관인 검사와 사법경찰관은 국가기관으로서 거대한 조직력을 바탕으로 피의자에 대하여 월등하게 우월한 증거수집능력과 수사기술을 갖추고 있다. 피의자는 일반적으로 수사기밀이 유지될 수 있는 조사실 등에서 참고인이나 전문가 등의 진술과 다양한 경로로 수집한 수사자료 등을 확보하고 있는 수사기관으로부터 질문을 받고 그 진술의 진위에 대한 추궁을 받을 수 있다. 이에 피의자는 수사대상으로서 심리적으로 매우 위축되어 자신에게 유리한 사실을 충분히 주장하지 못할 수 있다. 이는 구금된 상태에서 피의자신문을 위하여 소환된 피의자의 경우에 더욱 그러하다. 또한, 피의자는 피의사실에 대한 법률적 평가 이전에 사회 일반인의 생활경험을 기준으로 과거의 사실을 기억하여 진술하므로, 법률적 판단에 필요한 진술을 유도하는 수사기관에 대응하여 방어권을 실질적으로 행사하는 데 한계가 있을 수 있다.

---

20) 헌재 2004. 9. 23. 2000헌마138, 판례집 16-2상, 543.

이와 같이 수사기관은 수사의 주체로서의 권한뿐만 아니라 법률 등 전문 지식의 측면에서 피의자보다 우월한 지위에 있으므로, 피의자는 수사기관에 대응되는 당사자의 지위에 있기 보다는 수사기관이 진행하는 신문의 객체로만 존재할 위험이 상존하고 있다. 이와 같은 위험을 방지하고자 **피의자신문에 참여하는 변호인은 법률전문가로서 피의자가 수사기관과 대립되는 당사자의 지위에서 스스로 방어하는 것을 지원하는 조력자로서의 역할을 수행하고, 이를 통해 실체적 진실의 발견에 기여하고 피의자의 권리가 준수되는지를 감시·통제하는 역할을 담당**하게 된다(헌재 2004. 9. 23. 2000헌마138 참조).

따라서 피의자신문절차에서 변호인의 역할은 단순히 피의자신문에 입회하는 것에 그치지 아니하고, 피의자가 조언과 상담을 요청할 경우 이를 제공하고(헌재 2004. 9. 23. 2000헌마138 참조), 피의자가 요청하지 않더라도 스스로의 판단에 따라 신문 후 의견을 진술하고, 신문 중이라도 부당한 신문방법에 대하여 이의를 제기하거나 검사 또는 사법경찰관의 승인을 얻어 의견을 진술하는 것이 된다(형사소송법 제243조의2 제3항 참조). 헌법 제12조 제4항 및 제12조 제5항 제1문은 형사절차에서 체포·구속된 사람이 가지는 변호인의 조력을 받을 권리를 헌법상 기본권으로 명시하고 있다. 나아가 헌법재판소는 체포·구속된 사람뿐만 아니라 불구속 피의자 및 피고인의 경우에도 헌법상 법치국가원리, 적법절차원칙에 의하여 변호인의 조력을 받을 권리가 당연히 인정된다고 판시하였다(헌재 2004. 9. 23. 2000헌마138 참조).

이처럼 헌법에서 형사절차상 변호인의 조력을 특별히 중요하게 다루는 것은 피의자 및 피고인이 국가권력의 일방적인 형벌권 행사의 단순한 객체로 머무는 것이 아니라, 형사절차의 한 당사자로서 자신의 권리를 적극적으로 행사함으로써 국가권력으로부터 자신을 정당하게 방어하기 위해서는 변호인의 존재가 필수적이기 때문이다. 개인이 독자적인 권리를 가진 독립적인 주체로서 국가권력에 대립하여 자신의 권리를 방어하고 주장하는 절차를 마련하는 것은 법치국가원리에 해당한다.

이에 비추어 보면, 변호인의 조력을 받을 권리의 보장은 피의자·피고인과 국가권력 사이의 실질적 대등을 이루고 이로써 공정한 형사절차를 실현하기 위한 헌법적 요청이라고 할 수 있다. 피의자 및 피고인이 가지는 변호인의 조력을 받을 권리는 그들과 변호인 사이의 상호관계에서 구체적으로 실현될 수 있다. 피의자 및 피고인이 가지는 변호인의 조력을 받을 권리는 그들을 조력할 변호인의 권리가 보장됨으로써 공고해질 수 있으며, 반면에 변호인의 권리가 보장되지 않으면 유명무실하게 될 수 있다. 피의자 및 피고인을 조력할 변호인의 권리 중 그것이 보장되지 않으면 그들이 변호인의 조력을 받는다는 것이 유명무실하게 되는 핵심적인 부분은 헌법상 기본권인 피의자 및 피고인이 가지는 변호인의 조력을 받을 권리와 표리의 관계에 있다 할 수 있다. 따라서 **피의자 및 피고인이 가지는 변호인의 조력을 받을 권리가 실질적으로 확보되기 위해서는, 피의자 및 피고인에 대한 변호인의 조력할 권리의 핵심적인 부분(이하 '변호인의 변호권'이라 한다)은 헌법상 기본권으로서 보호되어야 한다**(헌재 2003. 3. 27. 2000헌마474 참조). 헌법상 기본권으로 인정되는 피의자 및 피고인이 가지는 변호인의 조력을 받을 권리에서 '변호인의 조력'이란 변호인의 충분한 조력을 의미한다(헌재 1992. 1. 28. 91헌마111; 헌재 1997. 11. 27. 94헌마60 참조).

앞서 본 바와 같이 피의자신문의 결과는 수사의 방향을 결정하고, 피의자의 기소 및 유죄 입증에 중요한 증거자료로 사용될 수 있으므로, 형사절차에서 매우 중요한 의미를 가진다. 변호인이 피의자신문에 자유롭게 참여할 수 없다면, 변호인은 피의자가 조언과 상담을 요청할 때 이를 시의적절하게 제공할 수 없고, 나아가 스스로의 판단에 따라 의견을 진술하거나 수사기관의 부당한 신문방법 등에 대하여 이의를 제기할 수 없게 된다. 그 결과 피의자는 형사절차에서 매우 중요한 의미를 가지는 피의자신문의 시기에 변호인으로부터 충분한 조력을 받을 수 없게 되어 피의자가 가지는 변호인의 조력을 받을 권리가 형해화될 수 있다. 따라서 변호인이 피의자신문에 자유롭게 참여할 수 있는 권리는 피의자가 가지는 변호인의 조력을 받을 권리를 실현하는 수단이라고 할 수 있으므로 헌법상 기본권인 변호인의 변호권으로서 보호되어야 한다. (중략) 피의자가 수사기관에서 조사받을 때에 변호인이 피의자의 옆에서 조력하는 것은 피의자에 대한 변호인의 충분한 조력을 위해서 보장되어야 하므로 변호인의 피의자신문참여에 관한 권리의 주요부분이 된다.[21]

---

21) 헌재 2017. 11. 30. 2016헌마503, 판례집 29-2하, 224 [전원재판부].

나. 관계 법령

형사소송법

제243조의2(변호인의 참여 등)

① 검사 또는 사법경찰관은 피의자 또는 그 변호인·법정대리인·배우자·직계친족·형제자매의 신청에 따라 변호인을 피의자와 접견하게 하거나 정당한 사유가 없는 한 피의자에 대한 신문에 참여하게 하여야 한다.

② 신문에 참여하고자 하는 변호인이 2인 이상인 때에는 피의자가 신문에 참여할 변호인 1인을 지정한다. 지정이 없는 경우에는 검사 또는 사법경찰관이 이를 지정할 수 있다.

③ 신문에 참여한 변호인은 신문 후 의견을 진술할 수 있다. 다만, 신문 중이라도 부당한 신문방법에 대하여 이의를 제기할 수 있고, 검사 또는 사법경찰관의 승인을 얻어 의견을 진술할 수 있다.

④ 제3항에 따른 변호인의 의견이 기재된 피의자신문조서는 변호인에게 열람하게 한 후 변호인으로 하여금 그 조서에 기명날인 또는 서명하게 하여야 한다.

⑤ 검사 또는 사법경찰관은 변호인의 신문참여 및 그 제한에 관한 사항을 피의자신문조서에 기재하여야 한다.

제244조(피의자신문조서의 작성)

① 피의자의 진술은 조서에 기재하여야 한다.

② 제1항의 조서는 피의자에게 열람하게 하거나 읽어 들려주어야 하며, 진술한 대로 기재되지 아니하였거나 사실과 다른 부분의 유무를 물어 피의자가 증감 또는 변경의 청구 등 이의를 제기하거나 의견을 진술한 때에는 이를 조서에 추가로 기재하여야 한다. 이 경우 피의자가 이의를 제기하였던 부분은 읽을 수 있도록 남겨 두어야 한다.

③ 피의자가 조서에 대하여 이의나 의견이 없음을 진술한 때에는 피의자로 하여금 그 취지를 자필로 기재하게 하고 조서에 간인한 후 기명날인 또는 서명하게 한다.

제244조의2(피의자진술의 영상녹화)
① 피의자의 진술은 영상녹화 할 수 있다. 이 경우 미리 영상녹화사실을 알려 주어야 하며, 조사의 개시부터 종료까지의 전 과정 및 객관적 정황을 영상녹화하여야 한다.
② 제1항에 따른 영상녹화가 완료된 때에는 피의자 또는 변호인 앞에서 지체 없이 그 원본을 봉인하고 피의자로 하여금 기명날인 또는 서명하게 하여야 한다.
③ 제2항의 경우에 피의자 또는 변호인의 요구가 있는 때에는 영상녹화물을 재생하여 시청하게 하여야 한다. 이 경우 그 내용에 대하여 이의를 진술하는 때에는 그 취지를 기재한 서면을 첨부하여야 한다.

제244조의3(진술거부권 등의 고지)
① 검사 또는 사법경찰관은 피의자를 신문하기 전에 다음 각 호의 사항을 알려 주어야 한다.
  1. 일체의 진술을 하지 아니하거나 개개의 질문에 대하여 진술을 하지 아니할 수 있다는 것
  2. 진술을 하지 아니하더라도 불이익을 받지 아니한다는 것
  3. 진술을 거부할 권리를 포기하고 행한 진술은 법정에서 유죄의 증거로 사용될 수 있다는 것
  4. 신문을 받을 때에는 변호인을 참여하게 하는 등 변호인의 조력을 받을 수 있다는 것
② 검사 또는 사법경찰관은 제1항에 따라 알려 준 때에는 피의자가 진술을 거부할 권리와 변호인의 조력을 받을 권리를 행사할 것인지의 여부를 질문하고, 이에 대한 피의자의 답변을 조서에 기재하여야 한다. 이 경우 피의자의

답변은 피의자로 하여금 자필로 기재하게 하거나 검사 또는 사법경찰관이 피의자의 답변을 기재한 부분에 기명날인 또는 서명하게 하여야 한다.

검사와 사법경찰관의 상호협력과 일반적 수사준칙에 관한 규정

제10조(임의수사 우선의 원칙과 강제수사 시 유의사항)
① 검사와 사법경찰관은 수사를 할 때 수사 대상자의 자유로운 의사에 따른 임의수사를 원칙으로 해야 하고, 강제수사는 법률에서 정한 바에 따라 필요한 경우에만 최소한의 범위에서 하되, 수사 대상자의 권익 침해의 정도가 더 적은 절차와 방법을 선택해야 한다.
② 검사와 사법경찰관은 피의자를 체포·구속하는 과정에서 피의자 및 현장에 있는 가족 등 지인들의 인격과 명예를 침해하지 않도록 유의해야 한다.
③ 검사와 사법경찰관은 압수·수색 과정에서 사생활의 비밀, 주거의 평온을 최대한 보장하고, 피의자 및 현장에 있는 가족 등 지인들의 인격과 명예를 침해하지 않도록 유의해야 한다.

제12조(수사 진행상황의 통지)
① 검사 또는 사법경찰관은 수사에 대한 진행상황을 사건관계인에게 적절히 통지하도록 노력해야 한다.
② 제1항에 따른 통지의 구체적인 방법·절차 등은 법무부장관, 경찰청장 또는 해양경찰청장이 정한다.

제13조(변호인의 피의자신문 참여·조력)
① 검사 또는 사법경찰관은 피의자신문에 참여한 변호인이 피의자의 옆자리 등 실질적인 조력을 할 수 있는 위치에 앉도록 해야 하고, 정당한 사유가 없으면 피의자에 대한 법적인 조언·상담을 보장해야 하며, 법적인 조언·상담을 위한 변호인의 메모를 허용해야 한다.

② 검사 또는 사법경찰관은 피의자에 대한 신문이 아닌 단순 면담 등이라는 이유로 변호인의 참여·조력을 제한해서는 안 된다.

③ 제1항 및 제2항은 검사 또는 사법경찰관의 사건관계인에 대한 조사·면담 등의 경우에도 적용한다.

제14조(변호인의 의견진술)

① 피의자신문에 참여한 변호인은 검사 또는 사법경찰관의 신문 후 조서를 열람하고 의견을 진술할 수 있다. 이 경우 변호인은 별도의 서면으로 의견을 제출할 수 있으며, 검사 또는 사법경찰관은 해당 서면을 사건기록에 편철한다.

② 피의자신문에 참여한 변호인은 신문 중이라도 검사 또는 사법경찰관의 승인을 받아 의견을 진술할 수 있다. 이 경우 검사 또는 사법경찰관은 정당한 사유가 있는 경우를 제외하고는 변호인의 의견진술 요청을 승인해야 한다.

③ 피의자신문에 참여한 변호인은 제2항에도 불구하고 부당한 신문방법에 대해서는 검사 또는 사법경찰관의 승인 없이 이의를 제기할 수 있다.

④ 검사 또는 사법경찰관은 제1항부터 제3항까지의 규정에 따른 의견진술 또는 이의제기가 있는 경우 해당 내용을 조서에 적어야 한다.

제19조(출석요구)

① 검사 또는 사법경찰관은 피의자에게 출석요구를 할 때에는 다음 각 호의 사항을 유의해야 한다.

1. 출석요구를 하기 전에 우편·전자우편·전화를 통한 진술 등 출석을 대체할 수 있는 방법의 선택 가능성을 고려할 것
2. 출석요구의 방법, 출석의 일시·장소 등을 정할 때에는 피의자의 명예 또는 사생활의 비밀이 침해되지 않도록 주의할 것
3. 출석요구를 할 때에는 피의자의 생업에 지장을 주지 않도록 충분한 시간적

여유를 두도록 하고, 피의자가 출석 일시의 연기를 요청하는 경우 특별한 사정이 없으면 출석 일시를 조정할 것

 4. 불필요하게 여러 차례 출석요구를 하지 않을 것

② 검사 또는 사법경찰관은 피의자에게 출석요구를 하려는 경우 피의자와 조사의 일시·장소에 관하여 협의해야 한다. 이 경우 변호인이 있는 경우에는 변호인과도 협의해야 한다.

③ 검사 또는 사법경찰관은 피의자에게 출석요구를 하려는 경우 피의사실의 요지 등 출석요구의 취지를 구체적으로 적은 출석요구서를 발송해야 한다. 다만, 신속한 출석요구가 필요한 경우 등 부득이한 사정이 있는 경우에는 전화, 문자메시지, 그 밖의 상당한 방법으로 출석요구를 할 수 있다.

④ 검사 또는 사법경찰관은 제3항 본문에 따른 방법으로 출석요구를 했을 때에는 출석요구서의 사본을, 같은 항 단서에 따른 방법으로 출석요구를 했을 때에는 그 취지를 적은 수사보고서를 각각 사건기록에 편철한다.

⑤ 검사 또는 사법경찰관은 피의자가 치료 등 수사관서에 출석하여 조사를 받는 것이 현저히 곤란한 사정이 있는 경우에는 수사관서 외의 장소에서 조사할 수 있다.

⑥ 제1항부터 제5항까지의 규정은 피의자 외의 사람에 대한 출석요구의 경우에도 적용한다.

제21조(심야조사 제한)

① 검사 또는 사법경찰관은 조사, 신문, 면담 등 그 명칭을 불문하고 피의자나 사건관계인에 대해 오후 9시부터 오전 6시까지 사이에 조사(이하 "심야조사"라 한다)를 해서는 안 된다. 다만, 이미 작성된 조서의 열람을 위한 절차는 자정 이전까지 진행할 수 있다.

② 제1항에도 불구하고 다음 각 호의 어느 하나에 해당하는 경우에는 심야조사를 할 수 있다. 이 경우 심야조사의 사유를 조서에 명확하게 적어야 한다.

1. 피의자를 체포한 후 48시간 이내에 구속영장의 청구 또는 신청 여부를 판단하기 위해 불가피한 경우
2. 공소시효가 임박한 경우
3. 피의자나 사건관계인이 출국, 입원, 원거리 거주, 직업상 사유 등 재출석이 곤란한 구체적인 사유를 들어 심야조사를 요청한 경우(변호인이 심야조사에 동의하지 않는다는 의사를 명시한 경우는 제외한다)로서 해당 요청에 상당한 이유가 있다고 인정되는 경우
4. 그 밖에 사건의 성질 등을 고려할 때 심야조사가 불가피하다고 판단되는 경우 등 법무부장관, 경찰청장 또는 해양경찰청장이 정하는 경우로서 검사 또는 사법경찰관의 소속 기관의 장이 지정하는 인권보호 책임자의 허가 등을 받은 경우

제22조(장시간 조사 제한)

① 검사 또는 사법경찰관은 조사, 신문, 면담 등 그 명칭을 불문하고 피의자나 사건관계인을 조사하는 경우에는 대기시간, 휴식시간, 식사시간 등 모든 시간을 합산한 조사시간(이하 "총 조사시간"이라 한다)이 12시간을 초과하지 않도록 해야 한다. 다만, 다음 각 호의 어느 하나에 해당하는 경우에는 예외로 한다.
1. 피의자나 사건관계인의 서면 요청에 따라 조서를 열람하는 경우
2. 제21조 제2항 각 호의 어느 하나에 해당하는 경우
② 검사 또는 사법경찰관은 특별한 사정이 없으면 총 조사시간 중 식사시간, 휴식시간 및 조서의 열람시간 등을 제외한 실제 조사시간이 8시간을 초과하지 않도록 해야 한다.
③ 검사 또는 사법경찰관은 피의자나 사건관계인에 대한 조사를 마친 때부터 8시간이 지나기 전에는 다시 조사할 수 없다. 다만, 제1항 제2호에 해당하는 경우에는 예외로 한다.

제23조(휴식시간 부여)

① 검사 또는 사법경찰관은 조사에 상당한 시간이 소요되는 경우에는 특별한 사정이 없으면 피의자 또는 사건관계인에게 조사 도중에 최소한 2시간마다 10분 이상의 휴식시간을 주어야 한다.

② 검사 또는 사법경찰관은 조사 도중 피의자, 사건관계인 또는 그 변호인으로부터 휴식시간의 부여를 요청받았을 때에는 그때까지 조사에 소요된 시간, 피의자 또는 사건관계인의 건강상태 등을 고려해 적정하다고 판단될 경우 휴식시간을 주어야 한다.

③ 검사 또는 사법경찰관은 조사 중인 피의자 또는 사건관계인의 건강상태에 이상 징후가 발견되면 의사의 진료를 받게 하거나 휴식하게 하는 등 필요한 조치를 해야 한다.

제24조(신뢰관계인의 동석)

① 법 제244조의5에 따라 피의자와 동석할 수 있는 신뢰관계에 있는 사람과 법 제221조 제3항에서 준용하는 법 제163조의2에 따라 피해자와 동석할 수 있는 신뢰관계에 있는 사람은 피의자 또는 피해자의 직계친족, 형제자매, 배우자, 가족, 동거인, 보호·교육시설의 보호·교육담당자 등 피의자 또는 피해자의 심리적 안정과 원활한 의사소통에 도움을 줄 수 있는 사람으로 한다.

② 피의자, 피해자 또는 그 법정대리인이 제1항에 따른 신뢰관계에 있는 사람의 동석을 신청한 경우 검사 또는 사법경찰관은 그 관계를 적은 동석신청서를 제출받거나 조서 또는 수사보고서에 그 관계를 적어야 한다.

다. 유의점

헌법재판소의 결정만 보면, 의뢰인이 마치 수사기관의 모든 질문 하나하나에 대하여 변호인의 조력을 받을 수 있을 것 같지만 실상은 그렇지 않다. 즉, 드라마나 영화의 신문 과정에서 의뢰인이 변호인으로부터 조력을 받는 것과 같은 장면은 결코 나올 수 없다.

피의자가 변호인을 옆에 두고 조언과 상담을 구하는 것은 수사절차에서 언제나 가능한 일이지만, 변호인으로서는 그와 같은 과정이 사건의 결과에 미치는 영향을 고려하지 않을 수 없는 일이다. 왜냐하면 조사과정이 녹음이나 영상녹화되는 과정 이외에도, 피의자신문조서에 그와 같은 과정이 전부 담기게 되기 때문이다. 특히, 피의자에게 불리한 질문이 나왔을 경우 의뢰인이 이를 주저하는 모습을 보이게 되면 당연히 수사기관 입장에서는 피의자를 더욱 의심할 수밖에 없는 것이다.

변호인은 수사과정에 '참여'를 할 뿐이지, 당사자가 아니므로 피의자신문에 있어서 진술의 주체가 될 수 없다. 다만, 피의자에 대한 신문이 끝나면 따로 의견을 진술할 수 있고 신문 중이라도 수사기관의 승인을 얻어 의견을 진술할 수 있다. 피의자가 전달하고자 하는 부분이 수사기관에 잘 전달되지 않을 경우 이를 정리해서 수사기관에 말해 주는 것은 허용되는 것 같다.

변호인의 조력 또는 참여가 현실화되기 위해서는, 결국 변호인의 일정과 수사기관의 일정 부합이 전제된다. 변호인 선임계를 먼저 제출한 상황에서 수사기관이 피의자를 소환할 경우 보통 전화(구두)로 하게 되는데, 수사기관이 특정일만 고집하는 경우가 있다. 그러나 이러한 처사는 옳지 못하다. 이미 헌법재판소가 변호인의 변호권을 헌법상 기본권으로서 천명하고 있고, 형사소송법 및 검사와 사법경찰관의 상호협력과 일반적 수사준칙에 관한 규정에서 이를 구체화하고 있기 때문이다. 위 규칙 제19조 제2항은 '분명히', "검사 또는 사법경찰관은 피의자에게 출석요구를 하려는 경우 피의자와 조사의 일시·장소에 관하여 협의해야 한다. 이 경우 변호인이 있는 경우에는 변호인과도 협의해야 한다."고 되어 있다. 일방적인 '통보'나 '통지'가 아니라 반드시 '협의'하도록 되어 있다는 점을 인지할 필요가 있다. 그러나 여전히 일선 경찰이나 검찰은 위와 같은 규정을 지키지 않고 있다. 특히, 검찰은 사건의 처분을 앞두고 '인사이동 전 처분'을 위해 피의자와 변호인을 압박하여 기필코 출석을 시키는 경우가 많은데, 반드시 사라져야 할 악습이라 하겠다. 앞으로 이러한 낡은 관행은 반드시 철폐되어야 할 것이다.

2. 디지털 증거의 경우

변호인의 참여는 피의자에 대한 조사과정에서 가장 중요한 의미를 갖겠지만, 그에 국한할 것이 아니라는 것은 형사소송법의 규정상 자명하다. 위 대법원 판례는, 디지털 증거인 정보저장매체의 압수와 참여 등에 관련한 것으로 실무에서 팽팽하게 대립하던 입장이 정리된 대법원 2021. 11. 18. 선고 2016도348 전원합의체 판결을 중심으로 살펴본다.

가. 사실관계

1) 피고인은 원심이 인정한 것과 같이 2014. 12. 11. 자기 집에서 피해자 공소외 1의 의사에 반해 성기를 촬영한 범행(이하 '2014년 범행'이라 한다)을 저질렀다. 피해자 공소외 1은 즉시 피해 사실을 경찰에 신고하면서, 피고인의 집에서 가지고 나온 피고인 소유의 휴대전화 2대(아이폰 및 삼성 휴대폰)에 피고인이 촬영한 동영상과 사진이 저장되어 있다는 취지로 말하고 이를 범행의 증거물로 임의제출하였다.

2) 경찰관들은 위 휴대전화 2대를 영장 없이 압수하면서, 피해자 공소외 1에게 위 휴대전화에 저장된 동영상과 사진 등 전자정보 전부를 제출하는 취지인지 등 제출 범위에 관한 의사를 따로 확인하지는 않았다.

3) 피고인은 경찰에 휴대전화 1대(아이폰)에 대한 비밀번호를 제공하고 그 파일 이미징 과정에 참여한 반면, 다른 휴대전화 1대(삼성휴대폰)에 대해서는 사실상 비밀번호 제공을 거부하고, 저장된 동영상 파일의 복원·추출 과정에 참여하지 않았다. 경찰은 전자의 휴대전화(아이폰)에 저장된 동영상 파일을 통해 피해자 공소외 1에 대한 2014년 범행을 확인한 다음, 후자의 휴대전화(삼성 휴대폰)에서 2014년 범행의 증거영상을 추가로 찾던 중, 피해자 공소외 1이 아닌 다른 남성 2인이 침대 위에서 잠든 모습, 누군가가 손으로 그들의 성기를 잡고 있는 모습 등이 촬영된 동영상 30개와 사진 등을 발견하고, 그 내용을 확인한 후 이를 시디(CD)에 복제하였다.

4) 경찰은 피해자 공소외 1을 소환하여 위 동영상에 등장하는 남성 2인의 인적 사항 등에 대해 조사하여 그들이 피해자 공소외 2, 공소외 3이라는 사실을 알게 되고, 추가 수사를 통해 피고인이 2013. 12.경 피해자 공소외 2, 공소외 3이 술에 취해 잠든 사이 성기를 만지고 위 동영상을 촬영한 범행(이하 '2013년 범행'이라 한다)을 저지른 사실을 인지하였다.

5) 그 후 경찰은 압수·수색영장을 발부받아 2013년 범행 영상의 전자정보를 복제한 시디를 증거물로 압수하였다.

나. 원심의 판단

피고인의 삼성 휴대폰에 저장되어 있던 2013년 영상물은 그 증거능력을 인정할 수 없고, 나머지 증거들도 위법한 압수·수색에서 획득한 2013년 영상물에 터잡아 획득한 것이므로 증거능력이 없고, 절차에 따르지 않은 증거수집과 2차적 증거수집 사이에 인과관계가 희석 또는 단절되었다고 볼 만한 사정도 없다고 보아 무죄 취지로 판단하였다(청주지방법원 2015. 12. 11. 선고 2015노462 판결).

다. 대법원의 판단

1) 임의제출에 따른 전자정보 압수의 방법

오늘날 개인 또는 기업의 업무는 컴퓨터나 서버, 저장매체가 탑재된 정보처리장치 없이 유지되기 어려운데, 전자정보가 저장된 각종 저장매체(이하 '정보저장매체'라 한다)는 대부분 대용량이어서 수사의 대상이 된 범죄혐의와 관련이 없는 개인의 일상생활이나 기업경영에 관한 정보가 광범위하게 포함되어 있다. 이러한 전자정보에 대한 수사기관의 압수·수색은 사생활의 비밀과 자유, 정보에 대한 자기결정권, 재산권 등을 침해할 우려가 크므로 포괄적으로 이루어져서는 안 되고, 비례의 원칙에 따라 수사의 목적상 필요한 최소한의 범위 내에서 이루어져야 한다. **수사기관의 전자정보에 대한 압수·수색은 원칙적으로 영장 발부의 사유로 된 범죄혐의사실과 관련된 부분만을 문서 출력물로 수집하거나 수사기관이 휴대한 정보저장매체에 해당 파일을 복제하는 방식으로 이루어져야 하고, 정보저장매체 자체를 직접 반출하거나 저장매체에 들어 있는 전자파일 전부를 하드카피나 이미징 등 형태(이하 '복제본'이라 한다)로 수사기관 사무실 등 외부로 반출하는 방식으로 압수·수색하는 것은 현장의 사정이나 전자정보의 대량성으로 인하여 관련 정보 획득에 긴 시간이 소요되거나 전문 인력에 의한 기술적 조치가 필요한 경우 등 범위를 정하여 출력 또는 복제하는 방법이 불가능하거나 압수의 목적을 달성하기에 현저히 곤란하다고 인정되는 때에 한하여 예외적으로 허용될 수 있을 뿐**이다(대법원 2015. 7. 16. 자 2011모1839 전원합의체 결정 등 참조).

위와 같은 법리는 정보저장매체에 해당하는 임의제출물의 압수(형사소송법 제218조)에도 마찬가지로 적용된다. 임의제출물의 압수는 압수물에 대한 수사기관의 점유취득이 제출자의 의사에 따라 이루어진다는 점에서 차이가 있을 뿐 범죄혐의를 전제로 한 수사 목적이나 압수의 효력은 영장에 의한 경우와 동일하기 때문이다. 따라서 수사기관은 특정 범죄혐의와 관련하여 전자정보가 수록된 정보저장매체를 임의제출받아 그 안에 저장된 전자정보를 압수하는 경우 그 동기가 된 범죄혐의사실과 관련된 전자정보의 출력물 등을 임의제출받아 압수하는 것이 원칙이다. 다만 **현장의 사정이나 전자정보의 대량성과 탐색의 어려움 등의 이유로 범위를 정하여 출력 또는 복제하는 방법이 불가능하거나 압수의 목적을 달성하기에 현저히 곤란하다고 인정되는 때에 한하여 예외적으로 정보저장매체 자체나 복제본을 임의제출받아 압수할 수 있다.**

2) 임의제출에 따른 전자정보 압수의 대상과 범위

　　가) 임의제출자의 의사

정보저장매체와 그 안에 저장된 전자정보는 개념적으로나 기능적으로나 별도의 독자적 가치와 효용을 지닌 것으로 상호 구별될 뿐만 아니라 임의제출된 전자정보의 압수가 적법한 것은 어디까지나 제출자의 자유로운 제출 의사에 근거한 것인 이상, **범죄혐의사실과 관련된 전자정보와 그렇지 않은 전자정보가 혼재되어 있는 정보저장매체나 복제본을 수사기관에 임의제출하는 경우 제출자는 제출 및 압수의 대상이 되는 전자정보를 개별적으로 지정하거나 그 범위를 한정할 수 있다.** 이처럼 정보저장매체 내 전자정보의 임의제출 범위는 제출자의 의사에 따라 달라질 수 있는 만큼 **이러한 정보저장매체를 임의제출받는 수사기관은 제출자로부터 임의제출의 대상이 되는 전자정보의 범위를 확인함으로써 압수의 범위를 명확히 특정하여야 한다.** 나아가 헌법과 형사소송법이 구현하고자 하는 적법절차, 영장주의, 비례의 원칙은 물론, 사생활의 비밀과 자유, 정보에 대한 자기결정권 및 재산권의 보호라는 관점에서 정보저장매체 내 전자정보가 가지는 중요성에 비추어 볼 때, 정보저장매체를 임의제출하는 사람이 거기에 담긴 전자정보를 지정하거나 제출 범위를 한정하는 취지로 한 의사표시는 엄격하게 해석하여야 하고, 확인되지 않은 제출자의 의사를 수사기관이 함부로 추단하는 것은 허용될 수 없다.

따라서 **수사기관이 제출자의 의사를 쉽게 확인할 수 있음에도 이를 확인하지 않은 채 특정 범죄혐의사실과 관련된 전자정보와 그렇지 않은 전자정보가 혼재된 정보저장매체를 임의제출받은 경우, 그 정보저장매체에 저장된 전자정보 전부가 임의제출되어 압수된 것으로 취급할 수는 없다.** 이 경우 제출자의 임의제출 의사에 따라 압수의 대상이 되는 전자정보의 범위를 어떻게 특정할 것인지가 문제 된다.

나) 임의제출에 따른 압수의 동기가 된 범죄혐의사실과 관련된 전자정보

수사기관은 피의사실과 관계가 있다고 인정할 수 있는 것에 한정하여 증거물 또는 몰수할 것으로 사료하는 물건을 압수할 수 있다(형사소송법 제219조, 제106조).

따라서 전자정보를 압수하고자 하는 수사기관이 정보저장매체와 거기에 저장된 전자정보를 임의제출의 방식으로 압수할 때, 제출자의 구체적인 제출 범위에 관한 의사

를 제대로 확인하지 않는 등의 사유로 인해 **임의제출자의 의사에 따른 전자정보 압수의 대상과 범위가 명확하지 않거나 이를 알 수 없는 경우에는 임의제출에 따른 압수의 동기가 된 범죄혐의사실과 관련되고 이를 증명할 수 있는 최소한의 가치가 있는 전자정보에 한하여 압수의 대상이 된다. 이때 범죄혐의사실과 관련된 전자정보에는 범죄혐의사실 그 자체 또는 그와 기본적 사실관계가 동일한 범행과 직접 관련되어 있는 것은 물론 범행 동기와 경위, 범행 수단과 방법, 범행 시간과 장소 등을 증명하기 위한 간접증거나 정황증거 등으로 사용될 수 있는 것도 포함될 수 있다. 다만 그 관련성은 임의제출에 따른 압수의 동기가 된 범죄혐의사실의 내용과 수사의 대상, 수사의 경위, 임의제출의 과정 등을 종합하여 구체적·개별적 연관관계가 있는 경우에만 인정되고, 범죄혐의사실과 단순히 동종 또는 유사 범행이라는 사유만으로 관련성이 있다고 할 것은 아니다**(대법원 2021. 8. 26. 선고 2021도2205 판결 등 참조).

다) 불법촬영 범죄 등의 경우 임의제출된 전자정보 압수의 범위

범죄혐의사실과 관련된 전자정보인지를 판단할 때는 범죄혐의사실의 내용과 성격, 임의제출의 과정 등을 토대로 구체적·개별적 연관관계를 살펴볼 필요가 있다. 특히 카메라의 기능과 정보저장매체의 기능을 함께 갖춘 휴대전화인 스마트폰을 이용한 불법촬영 범죄와 같이 범죄의 속성상 해당 범행의 상습성이 의심되거나 성적 기호 내지 경향성의 발현에 따른 일련의 범행의 일환으로 이루어진 것으로 의심되고, 범행의 직접증거가 스마트폰 안에 이미지 파일이나 동영상 파일의 형태로 남아 있을 개연성이 있는 경우에는 그 안에 저장되어 있는 같은 유형의 전자정보에서 그와 관련한 유력한 간접증거나 정황증거가 발견될 가능성이 높다는 점에서 이러한 간접증거나 정황증거는 범죄혐의사실과 구체적·개별적 연관관계를 인정할 수 있다. 이처럼 **범죄의 대상이 된 피해자의 인격권을 현저히 침해하는 성격의 전자정보를 담고 있는 불법촬영물은 범죄행위로 인해 생성된 것으로서 몰수의 대상이기도 하므로 임의제출된 휴대전화에서 해당 전자정보를 신속히 압수·수색하여 불법촬영물의 유통 가능성을 적**

시에 차단함으로써 피해자를 보호할 필요성이 크다. 나아가 이와 같은 경우에는 간접증거나 정황증거이면서 몰수의 대상이자 압수·수색의 대상인 전자정보의 유형이 이미지 파일 내지 동영상 파일 등으로 비교적 명확하게 특정되어 그와 무관한 사적 전자정보 전반의 압수·수색으로 이어질 가능성이 적어 상대적으로 폭넓게 관련성을 인정할 여지가 많다는 점에서도 그러하다.

라) 피의자 아닌 사람이 피의자가 소유·관리하는 정보저장매체를 임의제출한 경우 전자정보 압수의 범위

피의자가 소유·관리하는 정보저장매체를 피의자 아닌 피해자 등 제3자가 임의제출하는 경우에는, 그 임의제출 및 그에 따른 수사기관의 압수가 적법하더라도 임의제출의 동기가 된 범죄혐의사실과 구체적·개별적 연관관계가 있는 전자정보에 한하여 압수의 대상이 되는 것으로 더욱 제한적으로 해석하여야 한다. 임의제출의 주체가 소유자 아닌 소지자·보관자이고 그 제출행위로 소유자의 사생활의 비밀 기타 인격적 법익이 현저히 침해될 우려가 있는 경우에는 임의제출에 따른 압수·수색의 필요성과 함께 임의제출에 동의하지 않은 소유자의 법익에 대한 특별한 배려도 필요한바(대법원 1999. 9. 3. 선고 98도968 판결, 대법원 2008. 5. 15. 선고 2008도1097 판결, 대법원 2013. 9. 26. 선고 2013도7718 판결 등 참조), 피의자 개인이 소유·관리하는 정보저장매체에는 그의 사생활의 비밀과 자유, 정보에 대한 자기결정권 등 인격적 법익에 관한 모든 것이 저장되어 있어 제한 없이 압수·수색이 허용될 경우 피의자의 인격적 법익이 현저히 침해될 우려가 있기 때문이다. 그러므로 **임의제출자인 제3자가 제출의 동기가 된 범죄혐의사실과 구체적·개별적 연관관계가 인정되는 범위를 넘는 전자정보까지 일괄하여 임의제출한다는 의사를 밝혔더라도, 그 정보저장매체 내 전자정보 전반에 관한 처분권이 그 제3자에게 있거나 그에 관한 피의자의 동의 의사를 추단할 수 있는 등의 특별한 사정이 없는 한, 그 임의제출을 통해 수사기관이 영장 없이 적법하게 압수할 수 있는 전자정보의 범위는 범죄혐의사실과 관련된 전자정보에 한정된다고 보아야 한다.**

3) 전자정보 탐색·복제·출력 시 피의자의 참여권 보장 및 전자정보 압수목록 교부

압수의 대상이 되는 전자정보와 그렇지 않은 전자정보가 혼재된 정보저장매체나 그 복제본을 임의제출받은 수사기관이 그 정보저장매체 등을 수사기관 사무실 등으로 옮겨 이를 탐색·복제·출력하는 경우, 그와 같은 일련의 과정에서 형사소송법 제219조, 제121조에서 규정하는 피압수·수색 당사자(이하 '피압수자'라 한다)나 그 변호인에게 참여의 기회를 보장하고 압수된 전자정보의 파일 명세가 특정된 압수목록을 작성·교부하여야 하며 범죄혐의사실과 무관한 전자정보의 임의적인 복제 등을 막기 위한 적절한 조치를 취하는 등 영장주의 원칙과 적법절차를 준수하여야 한다. 만약 그러한 조치가 취해지지 않았다면 피압수자 측이 참여하지 아니한다는 의사를 명시적으로 표시하였거나 임의제출의 취지와 경과 또는 그 절차 위반행위가 이루어진 과정의 성질과 내용 등에 비추어 피압수자 측에 절차 참여를 보장한 취지가 실질적으로 침해되었다고 볼 수 없을 정도에 해당한다는 등의 특별한 사정이 없는 이상 압수·수색이 적법하다고 평가할 수 없고, 비록 수사기관이 정보저장매체 또는 복제본에서 범죄혐의사실과 관련된 전자정보만을 복제·출력하였다 하더라도 달리 볼 것은 아니다(위 대법원 2011모1839 전원합의체 결정, 대법원 2020. 11. 17.자 2019모291 결정 등 참조). 나아가 **피해자 등 제3자가 피의자의 소유·관리에 속하는 정보저장매체를 영장에 의하지 않고 임의제출한 경우에는 실질적 피압수자인 피의자가 수사기관으로 하여금 그 전자정보 전부를 무제한 탐색하는 데 동의한 것으로 보기 어려울 뿐만 아니라 피의자 스스로 임의제출한 경우 피의자의 참여권 등이 보장되어야 하는 것과 견주어 보더라도 특별한 사정이 없는 한 형사소송법 제219조, 제121조, 제129조에 따라 피의자에게 참여권을 보장하고 압수한 전자정보 목록을 교부하는 등 피의자의 절차적 권리를 보장하기 위한 적절한 조치가 이루어져야 한다.**

4) 임의제출된 정보저장매체 탐색 과정에서 무관정보 발견 시 필요한 조치·절차

앞서 본 바와 같이 **임의제출된 정보저장매체에서 압수의 대상이 되는 전자정보의 범위를 초과하여 수사기관이 임의로 전자정보를 탐색·복제·출력하는 것은 원칙적으로 위법한 압수·수색에 해당하므로 허용될 수 없다. 만약 전자정보에 대한 압수·수색이 종료되기 전에 범죄혐의사실과 관련된 전자정보를 적법하게 탐색하는 과정에서 별도의 범죄혐의와 관련된 전자정보를 우연히 발견한 경우라면, 수사기관은 더 이상의 추가 탐색을 중단하고 법원으로부터 별도의 범죄혐의에 대한 압수·수색영장을 발부받은 경우에 한하여 그러한 정보에 대하여도 적법하게 압수·수색을 할 수 있다. 따라서 임의제출된 정보저장매체에서 압수의 대상이 되는 전자정보의 범위를 넘어서는 전자정보에 대해 수사기관이 영장 없이 압수·수색하여 취득한 증거는 위법수집증거에 해당하고, 사후에 법원으로부터 영장이 발부되었다거나 피고인이나 변호인이 이를 증거로 함에 동의하였다고 하여 그 위법성이 치유되는 것도 아니다.**

라. 대법원의 결론

피해자 공소외 1은 경찰에 피고인의 휴대전화를 증거물로 제출할 당시 그 안에 수록된 전자정보의 제출 범위를 명확히 밝히지 않았고, 담당 경찰관들도 제출자로부터 그에 관한 확인절차를 거치지 않은 이상 위 휴대전화에 담긴 전자정보의 제출 범위에 관한 제출자의 의사가 명확하지 않거나 이를 알 수 없는 경우에 해당한다. 따라서 위 휴대전화에 담긴 전자정보 중 임의제출을 통해 적법하게 압수된 범위는 임의제출 및 압수의 동기가 된 피고인의 2014년 범행 자체와 구체적·개별적 연관관계가 있는 전자정보로 제한적으로 해석하는 것이 타당하다. 이에 비추어 볼 때 범죄 발생 시점 사이에 상당한 간격이 있고 피해자 및 범행에 이용한 휴대전화도 전혀 다른 피고인의 2013년 범행에 관한 동영상은 앞서 살펴본 간접증거와 정황증거를 포함하는 구체적·개별적 연관관계 있는 관련 증거의 법리에 의하더라도 임의제출에 따른 압수의 동기가 된 범죄혐의사실(2014년 범행)과 구체적·개별적 연관관계 있는 전자정보로 보기 어려우므로 수사기관이 사전영장 없이 이를 취득한 이상 증거능력이 없고, 사후에 압수·수색영장을 받아 압수절차가 진행되었더라도 달리 볼 수 없다. 2013년 범행과 관련하여 발견된 동영상이 위법수집증거로서 설령 사후에 압수·수색영장을 발부받아 이를 압수하였더라도 2013년 범행의 증거로서는 증거능력이 없고 이를 기초로 한 2차 증거 역시 증거능력이 없다는 등의 이유로, 2013년 범행을 유죄로 인정한 제1심을 파기하고 무죄로 판단한 원심의 결론은 수긍할 수 있다. 거기에 상고이유 주장과 같이 정보저장매체에 대한 임의제출물 압수에 있어 제출자의 의사에 따른 전자정보의 제출 범위 한정, 임의제출된 전자정보의 증거능력 인정 요건 등에 관한 법리를 오해한 잘못이 없다.

V. 변호인의견서의 제출

검사와 사법경찰관의 상호협력과 일반적 수사준칙에 관한 규정

제25조(자료 · 의견의 제출기회 보장)
① 검사 또는 사법경찰관은 조사과정에서 피의자, 사건관계인 또는 그 변호인이 사실관계 등의 확인을 위해 자료를 제출하는 경우 그 자료를 수사기록에 편철한다.
② 검사 또는 사법경찰관은 조사를 종결하기 전에 피의자, 사건관계인 또는 그 변호인에게 자료 또는 의견을 제출할 의사가 있는지를 확인하고, 자료 또는 의견을 제출받은 경우에는 해당 자료 및 의견을 수사기록에 편철한다.

피의사건에 있어서 변호인의 참여만큼이나 중요성을 갖는 것이 바로 '변호인의견서'의 제출이다. 변호인이 수사에 참여하는 것은, 문언 그대로 '참여'에 불과하다. 의견을 개진할 수 있지만, 이는 한정적이다. 결국, 변호인이 사건에 대한 의견을 개진하는 가장 좋은 방법은 서면으로 정리하여 개진하는 것이라고 하겠다.

변호인의견서의 제출의 시기는 제한이 없다. 여기서 제한이 없다는 말은 제출 시기를 결정함에 제한이 없다는 것일 뿐이다. 즉, 변호인의견서의 제출은 피의자에 대한 소환이 이루어지기 전에 해도 되고, 소환일에 해도 되며, 소환 직후에 해도 된다. 다만, 유의해야 할 점은 수사기관 입장에서 수사가 마무리된 시점에서는 경찰의 결정 또는 검사의 처분이 바로 이루어질 수 있다는 것이다. 즉, 경찰의 결정이나 검사의 처분이 이루어진 이후로는 준비한 변호인의견서는 무용지물이 될 수 있다. 따라서 변호인으로서는 수사기관에 변호인의견서를 반드시 제출하겠다는 의사를 표시할 필요가 있다.

검사와 사법경찰관의 상호협력과 일반적 수사준칙에 관한 규정 제25조 제2항에 의하면 변호인의견서를 제출하겠다는 의사를 표명할 경우 이를 수사기록에 편철하도록 되어 있다. 그러나 경찰은 이를 무시하고 사건을 검찰에 송치하는 경우가 있으며, 검찰 역시 이를 무시하고 사건을 바로 처분하는 경우가 있다. 따라서 변호인으로서는 수사에 참여했을 당시의 담당 수사관이나 검사에게 변호인의견서 제출의 취지를 잘 설명하고, 기한을 정하여 제출하겠다고 미리 언급하는 것이 좋다.

변호인의견서의 작성 방법이 정해진 것은 없다. 그러나 피의사실, 사실관계, 구성요건해당성, 위법성, 책임, 정상 등의 순서로 필요한 부분에 한하여 작성하면 무리가 없을 것이다.

[기재례]

변호인의견서

사　건 사기
피의자 닉 퓨 리
　　　　 피의자의 변호인
　　　　 변호사 블 랙 위 도 우

서울강서경찰서 경제팀 호 크 아 이 수사관님 귀중

변호인의견서

사 건 사기
피 의 자 닉 퓨 리

위 사건에 관하여 피의자의 변호인은 다음과 같이 의견을 개진합니다.

다 음

1. 본 건 피의사실의 요지

고소인의 내용을 종합하여 보면, 본 건 피의사실은 "피의자가 헬리캐리어에 대하여 시세보다 저렴하게 물량을 확보할 의사나 능력이 없음에도 불구하고 그와 같은 사실을 기망하여 이에 속은 고소인으로부터 1억 5천만 원을 편취하였다."는 것으로 보입니다.

(가독성을 위한 여백)

2. 본 건 피의사실에 관한 의견

가. 기망행위의 부존재

고소인은 피의자가 "대행수수료를 지급하면 헬리캐리어에 대하여 시세보다 저렴하게 넘겨주고 추후 재분양시켜 주겠다."고 말하였다고 주장하는 것으로 보입니다.

그러나 사실은 고소인이 피의자에게 "헬리캐리어 지정 계약을 체결해 달라. 그러면 다른 헬리캐리어도 함께 분양받겠다."고 제안하여 피의자가 이에 응하였을 뿐입니다.

나. 단순 채무불이행

1) 법리

주지하시다시피, 대법원은 **"사기죄의 성립 여부는 그 행위 당시를 기준으로 판단하여야 하고, 그 행위 이후의 경제사정의 변화 등으로 인하여 피고인이 채무불이행 상태에 이르게 된다고 하여 이를 사기죄로 처벌할 수는 없다.** 따라서 이른바 분양대금 편취에 의한 사기죄의 성립 여부를 판단할 때에도 분양계약을 체결할 당시 또는 그 분양대금을 수령할 당시에 피고인에게 그 편취의 범의가 있었는지 여부, 즉 그 당시에 분양목적물에 관하여 분양계약을 체결하고 그 분양대금을 수령하더라도 수분양자에게 해당 목적물을 분양해 주는 것이 불가능하게 될 가능성을 인식하고 이를 용인한 채 그러한 행위를 한 것인지 여부를 기준으로 판단하여야 한다."고 보고 있습니다(대법원 2008. 9. 25. 선고 2008도5618 판결).

2) 이 사건의 경우

이 사건을 위 대법원 판례에 비추어 살피건대, ① 주식회사 ★★컴퍼니가 피의자에게 분양대행업 전반에 대하여 위임하여 실질적인 권한이 있었던 것으로 보이는 점(증제1호증 사실확인서 참조), ② 주식회사 ★★컴퍼니가 헬리캐리어를 전부 매입한 사실이 있는 점(증제2호증 매매계약서 참조), ③ 실제로 피의자가 운영하는 주식회사 ♥♥♥이 상가분양업무를 대행하고 있는 점(증제3호증 분양대행계약서 참조)에 비추어 보면, **피의자가 고소인으로부터 1억 5천만 원을 수령할 당시 피의자에게 위 금원에 대한 편취의 범의가 있었다고 볼 수 없다**고 할 것입니다. 즉, 당시 피의자는 이 사건 각 계약 목적물을 분양하는 것이 불가능하리라는 가능성을 인식하고 이를 용인하지 못하였고, 고소인의 주장대로 계약이 진행되지 아니한 것은 피의자가 본 건 금원을 수령한 날로부터 얼마 지나지 않은 2022. 4. 1. 구속되는 바람에 관련 사무를 제대로 처리할 수 없었던 것에 기인합니다.

다. 소결

따라서 본 건 피의사실은 피의자에게 편의의 범의가 없고, 피의자의 민사상 채무불이행에 따른 것에 불과하므로 구성요건해당성이 없다고 할 것입니다.

다만, 피의자가 본 건 피의사실에 대하여 편취의 범의는 부인하고 있으나 도의적인 책임마저 부인하고 있는 것은 아닙니다. 피의자는 2022. 12. 15.까지 이 사건 금원 중 일부인 1억 2천만 원을 고소인에게 지급하고자 하였으나(첨부서류1 확인서 참조), 그렇게 되지 않은 사정이 있습니다. 고소인 역시 위 지급을 믿었으나, 지급이 제때 되지 않자 피의자를 고소한 것으로 보입니다.

3. 결론

이상과 같은 점을 살피시어 본 건 피의사실에 대하여 불송치 결정(혐의없음, 증거불충분)을 내려 주시기 바랍니다.

입 증 자 료

1. 증제1호증 사실확인서
1. 증제2호증 매매계약서
1. 증제3호증 분양대행계약서

참 고 자 료

1. 확인서

2021. 6. .

피의자의 변호인
담당 변호사 블 랙 위 도 우

서울강서경찰서 경제팀 호 크 아 이 수사관님 귀중

Ⅵ. 관련 자료의 제출 – 증거제출 또는 참고자료 제출

　보통은 변호인의견서에 증거나 참고자료를 첨부하여 제출하나, 그렇지 않은 경우도 있다. 입증취지와 관련한 것이라면 증거로 제출하고, 그렇지 않은 경우에는 모두 참고자료로 제출하는 것이 바람직하다. 제출의 시기 역시 변호인의견서와 마찬가지로, 경찰의 결정이나 검사의 처분 전으로 하여 피의자의 방어권 조력에 부족함이 없도록 해야 한다.

[기재례]

증 거 제 출

사 건   2021고단***   강제추행
피고인   S B S
        피고인의 변호인
        변호사 K B S

서울동부지방법원 형사 제*단독 귀중

증 거 제 출

사　건　　2021고단***　　강제추행
피고인　　S B S

위 사건에 관하여 피고인의 변호인은 다음과 같이 증거를 제출합니다.

입 증 자 료

1. 증제1호증 CCTV 수강 영상 (피해자)
1. 증제2호증 CCTV 수강 영상 (기타 수강생)

제출의 취지: 아래에서 살펴보는 바와 같이, 피고인은 다른 수강생들에게 하는 방법과 똑같이 피해자를 대상으로 운전연수를 하였을 뿐이므로, 피고인에게 추행의 고의가 없다는 것을 입증하기 위한 자료입니다.

1. 증제3호증 카카오톡 대화 내역

제출의 취지: 증제2호증의 수강생 중 여성 수강생들과의 카카오톡 대화 내역으로, 피고인이 피해자를 추행하였다면 피해자와 같은 방식으로 운전연수를 받은 위 수강생들이 피해자와 같은 반응을 보일 리 없다는 것을 확인함으로써, 이 부분 역시 피고인에게 추행의 고의가 없다는 것을 입증하기 위한 자료입니다.

2021.　7.
피고인의 변호인
변호사　K B S

서울동부지방법원 형사 제*단독 귀중

[기재례]

참고자료

사 건   2022고단**** 폭행
피 고 인   2음바페
          피고인의 변호인
          변호사 리오넬메시

서울중앙지방법원 형사 제*단독 귀중

참고자료

사 건   2022고단****   폭행

피고인   2음 바 페

위 사건에 관하여 피고인의 변호인은 다음과 같이 피고인의 반성문을 제출하오니, 이번에 한하여 피고인을 선처하여 주시기를 간곡히 부탁드립니다.

첨부서류

1. 반성문   1부

2022. 11.
피고인의 변호인
변호사 리 오 넬 메 시

서울중앙지방법원 형사 제*단독 귀중

Ⅶ. 소년사건

1. 의의

반사회성(反社會性)이 있는 소년의 환경 조정과 품행 교정(矯正)을 위한 보호처분 등의 필요한 조치를 하고, 형사처분에 관한 특별조치를 함으로써 소년이 건전하게 성장하도록 돕는 것을 목적으로 소년법이 제정됐다(제1조). 동법에서 "소년"이란 19세 미만인 자를 말하며, "보호자"란 법률상 감호교육(監護敎育)을 할 의무가 있는 자 또는 현재 감호하는 자를 말한다(제2조). 한편, 여기서 "소년"은 소년법 제2조에 정한 19세 미만인 자를 의미하는 것으로 이에 해당하는지는 사실심판결 선고 시를 기준으로 판단한다.[22]

소년 보호사건의 관할은 소년의 행위지, 거주지 또는 현재지로 하고, 소년 보호사건은 가정법원소년부 또는 지방법원소년부(소년부)에 속하며, 소년 보호사건의 심리(審理)와 처분 결정은 소년부 단독판사가 한다(제3조).

사건 본인이나 보호자는 소년부 판사의 허가를 받아 보조인을 선임할 수 있고(제17조 제1항), 법원은 소년이 소년분류심사원에 위탁된 경우 보조인이 없을 때 변호사 등 적정한 자를 보조인으로 선정하여야 한다(국선보조인, 제17조의2 제1항).

소년법

제4조(보호의 대상과 송치 및 통고)
① 다음 각 호의 어느 하나에 해당하는 소년은 소년부의 보호사건으로 심리한다.
  1. 죄를 범한 소년
  2. 형벌 법령에 저촉되는 행위를 한 10세 이상 14세 미만인 소년

---

[22] 대법원 2020. 10. 22. 선고 2020도4140 전원합의체 판결.

3. 다음 각 목에 해당하는 사유가 있고 그의 성격이나 환경에 비추어 앞으로 형벌 법령에 저촉되는 행위를 할 우려가 있는 10세 이상인 소년

　가. 집단적으로 몰려다니며 주위 사람들에게 불안감을 조성하는 성벽(性癖)이 있는 것

　나. 정당한 이유 없이 가출하는 것

　다. 술을 마시고 소란을 피우거나 유해환경에 접하는 성벽이 있는 것

② 제1항 제2호 및 제3호에 해당하는 소년이 있을 때에는 경찰서장은 직접 관할 소년부에 송치(送致)하여야 한다.

③ 제1항 각 호의 어느 하나에 해당하는 소년을 발견한 보호자 또는 학교·사회복리시설·보호관찰소(보호관찰지소를 포함한다. 이하 같다)의 장은 이를 관할 소년부에 통고할 수 있다.

제17조(보조인 선임)

① 사건 본인이나 보호자는 소년부 판사의 허가를 받아 보조인을 선임할 수 있다.

② 보호자나 변호사를 보조인으로 선임하는 경우에는 제1항의 허가를 받지 아니하여도 된다.

③ 보조인을 선임함에 있어서는 보조인과 연명날인한 서면을 제출하여야 한다. 이 경우 변호사가 아닌 사람을 보조인으로 선임할 경우에는 위 서면에 소년과 보조인과의 관계를 기재하여야 한다.

④ 소년부 판사는 보조인이 심리절차를 고의로 지연시키는 등 심리진행을 방해하거나 소년의 이익에 반하는 행위를 할 우려가 있다고 판단하는 경우에는 보조인 선임의 허가를 취소할 수 있다.

⑤ 보조인의 선임은 심급마다 하여야 한다.

⑥ 「형사소송법」 중 변호인의 권리의무에 관한 규정은 소년 보호사건의 성질에 위배되지 아니하는 한 보조인에 대하여 준용한다.

> **제17조의2(국선보조인)**
> ① 소년이 소년분류심사원에 위탁된 경우 보조인이 없을 때에는 법원은 변호사 등 적정한 자를 보조인으로 선정하여야 한다.
> ② 소년이 소년분류심사원에 위탁되지 아니하였을 때에도 다음의 경우 법원은 직권에 의하거나 소년 또는 보호자의 신청에 따라 보조인을 선정할 수 있다.
>   1. 소년에게 신체적·정신적 장애가 의심되는 경우
>   2. 빈곤이나 그 밖의 사유로 보조인을 선임할 수 없는 경우
>   3. 그 밖에 소년부 판사가 보조인이 필요하다고 인정하는 경우
> ③ 제1항과 제2항에 따라 선정된 보조인에게 지급하는 비용에 대하여는 「형사소송비용 등에 관한 법률」을 준용한다.

2. 구조

소년법이 적용되는 경우(촉법사건 및 불송치사건 제외) 사건의 흐름은 다음과 같이 도식화할 수 있다.

> **소년법 사건의 흐름**
>
> - 경찰 → 검찰 → 가정법원송치 → 보호처분 또는 불처분결정
> - 경찰 → 검찰 → 가정법원송치 → 검찰송치 → 기소 → 법원의 판결
> - 경찰 → 검찰 → 기소 → 법원의 가정법원송치 → 보호처분 또는 불처분결정
>   (※규정상 가능)
> - 경찰 → 검찰 → 기소 → 법원의 판결

경찰이 사건을 송치하면, 검사가 사건을 가정법원으로 송치하고, 이때 법원은 보호처분 또는 심리 결과 보호처분을 할 수 없거나 할 필요가 없다고 인정되는 경우에 한하여 예외적으로 불처분결정을 한다(소년법 제29조 제1항). 법원이 검사가 송치한 사건을 조사 또는 심리한 결과 그 동기와 죄질이 금고 이상의 형사처분을 할 필요가 있다고 인정할 때에는 결정으로써 해당 검찰청 검사에게 송치할 수 있으며(제49조 제2항), 이때 검사는 특별한 사정이 없는 한 사건을 기소한다.

그리고 처음부터 검사가 보호처분에 해당하는 사유가 없다고 인정할 때에는 바로 기소하게 되는데, 이 경우라고 하더라도 법원은 소년에 대한 피고사건을 심리한 결과 보호처분에 해당할 사유가 있다고 인정하면 결정으로써 사건을 관할 소년부에 송치하여야 한다(제50조). 그렇게 되면 사건은 가정법원으로 송치되고 소년은 그에 따른 처분을 받게 된다.

소년법

제7조(형사처분 등을 위한 관할 검찰청으로의 송치)
① 소년부는 조사 또는 심리한 결과 금고 이상의 형에 해당하는 범죄사실이 발견된 경우 그 동기와 죄질이 형사처분을 할 필요가 있다고 인정하면 결정으로써 사건을 관할 지방법원에 대응한 검찰청 검사에게 송치하여야 한다.
② 소년부는 조사 또는 심리한 결과 사건의 본인이 19세 이상인 것으로 밝혀진 경우에는 결정으로써 사건을 관할 지방법원에 대응하는 검찰청 검사에게 송치하여야 한다. 다만, 제51조에 따라 법원에 이송하여야 할 경우에는 그러하지 아니하다.

제49조(검사의 송치)
① 검사는 소년에 대한 피의사건을 수사한 결과 보호처분에 해당하는 사유가 있다고 인정한 경우에는 사건을 관할 소년부에 송치하여야 한다.

② 소년부는 제1항에 따라 송치된 사건을 조사 또는 심리한 결과 그 동기와 죄질이 금고 이상의 형사처분을 할 필요가 있다고 인정할 때에는 결정으로써 해당 검찰청 검사에게 송치할 수 있다.

③ 제2항에 따라 송치한 사건은 다시 소년부에 송치할 수 없다.

제29조(불처분결정)

① 소년부 판사는 심리 결과 보호처분을 할 수 없거나 할 필요가 없다고 인정하면 그 취지의 결정을 하고, 이를 사건 본인과 보호자에게 알려야 한다.

② 제1항의 결정에 관하여는 제19조 제2항과 제3항을 준용한다.

제49조(검사의 송치)

① 검사는 소년에 대한 피의사건을 수사한 결과 보호처분에 해당하는 사유가 있다고 인정한 경우에는 사건을 관할 소년부에 송치하여야 한다.

② 소년부는 제1항에 따라 송치된 사건을 조사 또는 심리한 결과 그 동기와 죄질이 금고 이상의 형사처분을 할 필요가 있다고 인정할 때에는 결정으로써 해당 검찰청 검사에게 송치할 수 있다.

③ 제2항에 따라 송치한 사건은 다시 소년부에 송치할 수 없다.

제50조(법원의 송치) 법원은 소년에 대한 피고사건을 심리한 결과 보호처분에 해당할 사유가 있다고 인정하면 결정으로써 사건을 관할 소년부에 송치하여야 한다.

3. 소년부의 결정

소년법

제32조(보호처분의 결정)

① 소년부 판사는 심리 결과 보호처분을 할 필요가 있다고 인정하면 결정으로써 다음 각 호의 어느 하나에 해당하는 처분을 하여야 한다.

1. 보호자 또는 보호자를 대신하여 소년을 보호할 수 있는 자에게 감호 위탁
2. 수강명령
3. 사회봉사명령
4. 보호관찰관의 단기(短期) 보호관찰
5. 보호관찰관의 장기(長期) 보호관찰
6. 「아동복지법」에 따른 아동복지시설이나 그 밖의 소년보호시설에 감호 위탁
7. 병원, 요양소 또는 「보호소년 등의 처우에 관한 법률」에 따른 의료재활소년원에 위탁
8. 1개월 이내의 소년원 송치
9. 단기 소년원 송치
10. 장기 소년원 송치

② 다음 각 호 안의 처분 상호 간에는 그 전부 또는 일부를 병합할 수 있다.

1. 제1항 제1호·제2호·제3호·제4호 처분
2. 제1항 제1호·제2호·제3호·제5호 처분
3. 제1항 제4호·제6호 처분
4. 제1항 제5호·제6호 처분
5. 제1항 제5호·제8호 처분

③ 제1항 제3호의 처분은 14세 이상의 소년에게만 할 수 있다.

④ 제1항 제2호 및 제10호의 처분은 12세 이상의 소년에게만 할 수 있다.

> ⑤ 제1항 각 호의 어느 하나에 해당하는 처분을 한 경우 소년부는 소년을 인도하면서 소년의 교정에 필요한 참고자료를 위탁받는 자나 처분을 집행하는 자에게 넘겨야 한다.
> ⑥ 소년의 보호처분은 그 소년의 장래 신상에 어떠한 영향도 미치지 아니한다.

소년부는 불처분결정이나 보호처분 또는 검찰로의 송치를 결정하게 된다. 결국 사건의 경중을 살펴 가해의 정도가 매우 경미하고, 피해자와 원만히 합의하여 피해자의 처벌불원의사표시가 있는 등 특별한 사정이 있다면 불처분결정이 있게 될 것이고, 그 행위가 너무 중하다면 결국 사건을 검찰로 보낼 수밖에 없을 것이다.

보호처분은 불처분결정 또는 검찰로의 송치 이외의 결정이며, 소년에게는 범죄경력이 남지 않기 때문에(제32조 제6항) 법원으로서는 갱생의 기회를 부여하는 것과 같다.

4. 불복

> **소년법**
>
> **제43조(항고)**
> ① 제32조에 따른 보호처분의 결정 및 제32조의2에 따른 부가처분 등의 결정 또는 제37조의 보호처분·부가처분 변경 결정이 다음 각 호의 어느 하나에 해당하면 사건 본인·보호자·보조인 또는 그 법정대리인은 관할 가정법원 또는 지방법원 본원 합의부에 항고할 수 있다.
> 1. 해당 결정에 영향을 미칠 법령 위반이 있거나 중대한 사실 오인(誤認)이 있는 경우

2. 처분이 현저히 부당한 경우
② 항고를 제기할 수 있는 기간은 7일로 한다.

제44조(항고장의 제출)
① 항고를 할 때에는 항고장을 원심(原審) 소년부에 제출하여야 한다.
② 항고장을 받은 소년부는 3일 이내에 의견서를 첨부하여 항고법원에 송부하여야 한다.

제45조(항고의 재판)
① 항고법원은 항고 절차가 법률에 위반되거나 항고가 이유 없다고 인정한 경우에는 결정으로써 항고를 기각하여야 한다.
② 항고법원은 항고가 이유가 있다고 인정한 경우에는 원결정(原決定)을 취소하고 사건을 원소년부에 환송(還送)하거나 다른 소년부에 이송하여야 한다. 다만, 환송 또는 이송할 여유가 없이 급하거나 그 밖에 필요하다고 인정한 경우에는 원결정을 파기하고 불처분 또는 보호처분의 결정을 할 수 있다.
③ 제2항에 따라 항고가 이유가 있다고 인정되어 보호처분의 결정을 다시 하는 경우에는 원결정에 따른 보호처분의 집행 기간은 그 전부를 항고에 따른 보호처분의 집행 기간에 산입(제32조 제1항 제8호·제9호·제10호 처분 상호 간에만 해당한다)한다.

제47조(재항고)
① 항고를 기각하는 결정에 대하여는 그 결정이 법령에 위반되는 경우에만 대법원에 재항고를 할 수 있다.
② 제1항의 재항고에 관하여는 제43조 제2항 및 제45조 제3항을 준용한다.

보호처분 등의 결정에 대하여 사건 본인이나 보호자 등은 7일 이내에 항고할 수 있고(제43조 제1항), 항고를 기각하는 결정에 대하여는 그 결정이 법령에 위반되는 경우에만 대법원에 재항고를 할 수 있다(제47조).

5. 불이익변경금지 원칙 위반 여부를 판단하는 기준

소년법은 인격이 형성되는 과정에 있기에 그 개선가능성이 풍부하고 심신의 발육에 따르는 특수한 정신적 동요상태에 놓여 있는 소년의 특수성을 고려하여 소년의 건전한 성장을 돕기 위해 형사처분에 관한 특별조치로서 제60조 제1항에서 소년에 대하여 부정기형을 선고하도록 정하고 있다. 다만 소년법 제60조 제1항에 정한 '소년'은 소년법 제2조에 정한 19세 미만인 자를 의미하는 것으로 이에 해당하는지는 사실심 판결 선고 시를 기준으로 판단하여야 하므로, 제1심에서 부정기형을 선고받은 피고인이 항소심 선고 이전에 19세에 도달하는 경우 정기형이 선고되어야 한다. 이 경우 피고인만이 항소하거나 피고인을 위하여 항소하였다면 형사소송법 제368조가 규정한 불이익변경금지 원칙이 적용되어 항소심은 제1심판결의 부정기형보다 무거운 정기형을 선고할 수 없다.

그런데 부정기형은 장기와 단기라는 폭의 형태를 가지는 양형인 반면 정기형은 점의 형태를 가지는 양형이므로 불이익변경금지 원칙의 적용과 관련하여 양자 사이의 형의 경중을 단순히 비교할 수 없는 특수한 상황이 발생한다. 결국 피고인이 항소심 선고 이전에 19세에 도달하여 부정기형을 정기형으로 변경해야 할 경우 불이익변경금지 원칙에 반하지 않는 정기형을 정하는 것은 부정기형과 실질적으로 동등하다고 평가될 수 있는 정기형이 부정기형의 장기와 단기 사이의 어느 지점에 존재하는지를 특정하는 문제로 귀결된다. 이는 정기형의 상한으로 단순히 부정기형의 장기와 단기 중 어느 하나를 택일적으로 선택하는 문제가 아니라, 단기부터 장기에 이르는 수많은 형 중 어느 정도의 형이 불이익변경금지 원칙 위반 여부를 판단하는 기준으로 설정되어야 하는지를 정하는 '정도'의 문제이다. 따라서 부정기형과 실질적으로 동등하다고 평가될 수 있는 정기형을 정할 때에는 형의 장기와 단기가 존재하는 특수성으로 인해 발생하는 요소들, 즉 부정기형이 정기형으로 변경되는 과정에서 피고인의 상소권 행사가 위축될 우려가 있는지 여부, 소년법이 부정기형 제도를 채택한 목적과 책임주의 원칙이 종합적으로 고려되어야 한다.

이러한 법리를 종합적으로 고려하면, 부정기형과 실질적으로 동등하다고 평가될 수 있는 정기형은 부정기형의 장기와 단기의 정중앙에 해당하는 형(예를 들어 징역 장기 4년, 단기 2년의 부정기형의 경우 징역 3년의 형이다. 이하 '중간형'이라 한다)이라고 봄이 적절하므로, 피고인이 항소심 선고 이전에 19세에 도달하여 제1심에서 선고한 부정기형을 파기하고 정기형을 선고함에 있어 불이익변경금지 원칙 위반 여부를 판단하는 기준은 부정기형의 장기와 단기의 중간형이 되어야 한다.

항소심에서 선고될 수 있는 정기형이 부정기형의 단기보다는 무거운 형이라 하더라도, 그 정기형이 부정기형의 확정으로 인해 피고인이 합리적으로 예상할 수 있는 형 집행기간의 범위 내에 있다면, 피고인은 실질적인 불이익에 대한 우려 없이 합리적인 판단에 따라 상소권을 행사할 수 있다고 봄이 타당하다. 이와 관련하여 부정기형을 선고받은 피고인은 부정기형의 단기가 경과한 때부터 형의 장기가 도래할 때까지 동일한 가능성으로 소년법 제60조 제4항에 따른 검사의 지휘에 의해 그 형의 집행이 종료될 것을 기대할 수 있으므로, 부정기형의 장기와 단기의 중간형은 부정기형을 선고받은 피고인이 합리적으로 예상할 수 있는 형 집행의 기간에 부합한다고 할 수 있다.

결국 부정기형과 실질적으로 동등하다고 평가될 수 있는 정기형을 특정하는 문제는 산술적으로 명확히 논증될 수 있는 문제라기보다는, 그 문제가 마주하게 되는 책임주의 원칙, 불이익변경금지 원칙과 소년법이 부정기형 제도를 채택한 목적을 종합적으로 고려하여 부정기형의 단기부터 장기에 이르는 수많은 형 중 어느 정도의 형이 형사책임의 기본원칙인 책임주의 원칙에 부합하는 적절한 양형재량권의 행사를 과도하게 제한하는 것을 방지함과 동시에 상소권의 행사가 위축되는 것을 방지할 수 있는 적절한 상소심 양형의 기준으로서 상대적인 우월성이 있는지를 평가하는 문제이다.

이는 부정기형의 단기부터 장기 사이에 존재하는 어느 정도의 형이 적절한 기준인지를 정하는 '정도'의 문제이지, 결코 부정기형의 장기 또는 단기 중 어느 하나를 선택하여 이를 정기형의 상한으로 정하는 문제가 아니다. 이러한 관점에서 제반 사정들을 종합하면, 부정기형을 정기형으로 변경할 때 불이익변경금지 원칙의 위반 여부는 부정기형의 장기와 단기의 중간형을 기준으로 삼는 것이 부정기형의 장기 또는 단기를 기준으로 삼는 것보다 상대적으로 우월한 기준으로 평가될 수 있음은 분명하다고 볼 수 있다.[23]

---

23) 이상 대법원 2020. 10. 22. 선고 2020도4140 전원합의체 판결, 제1심이 당시 18세로서 소년에 해당하는 피고인에 대하여 살인죄 및 사체유기죄를 유죄로 인정하면서 소년법 제60조 제1항 단서에 대한 특칙에 해당하는 특정강력범죄의 처벌에 관한 특례법 제4조 제2항에서 정한 장기와 단기의 최상한인 징역 장기 15년, 단기 7년의 부정기형을 선고하였고 이에 대하여 피고인만이 항소하였는데, 피고인이 원심 선고 이전에 19세에 이르러 성년에 도달하자 원심이 직권으로 제1심판결을 파기하고 정기형을 선고하면서 불이익변경금지 원칙상 제1심이 선고한 부정기형의 단기인 징역 7년을 초과하는 징역형을 선고할 수 없다는 이유로 피고인에게 징역 7년을 선고한 사안에서, 원심이 제1심에서 선고한 징역 장기 15년, 단기 7년의 부정기형 대신 정기형을 선고함에 있어 불이익변경금지 원칙 위반 여부를 판단하는 기준은 부정기형의 장기인 15년과 단기인 7년의 중간형, 즉 징역 11년[=(15+7)/2]이 되어야 한다는 이유로, 이와 달리 제1심에서 선고한 부정기형의 단기인 징역 7년을 기준으로 불이익변경금지 원칙 위반 여부를 판단한 원심판결에 불이익변경금지 원칙에 관한 법리오해의 잘못이 있다고 한 사례.

제5장

합의사건

**합의
사건**

　형사사건을 수임하였을 때의 방향은 결국, 혐의를 다투어 무혐의 또는 무죄를 받든지 자백하여 선처를 받든지 둘 중 하나이다. 그리고 자백하는 사건에 있어서 피해자가 있는 사건은 합의하는 것이 정상에 유리함은 주지의 사실이다. 본 장에서는 자백사건 중 피해자가 존재하는 합의사건을 다룬다.

　한편, 변호인으로서 합의를 진행함에 있어 가장 중요한 것은 '수임하고 있는 사건의 상대방 당사자에게 변호사 또는 법정대리인이 있는 경우' 그 변호사 또는 법정대리인의 동의나 기타 다른 합리적인 이유가 없는 한 상대방 당사자와 직접 독촉하거나 교섭해서는 안 된다는 것이다.[24]

Ⅰ. 처벌불원의 의미

　대법원 양형위원회 제정 양형기준상 특별감경인자인 '처벌불원'이란 피고인이 자신의 범행에 대하여 진심으로 뉘우치고 합의를 위한 진지한 노력을 기울여 피해에 대한 상당한 보상이 이루어졌으며, 피해자가 처벌불원의 법적·사회적 의미를 정확히 인식하면서 이를 받아들여 피고인의 처벌을 원하지 않는 경우를 의미한다.[25]

---

24) 변호사윤리장전 제45조. 한편, 위 윤리장전의 규정은 전 영역에서 적용되는 것이라는 점을 유의해야 한다.
25) 대법원 2020. 8. 20. 선고 2020도6965, 2020전도74 판결.

그리고 이른바 반의사불벌죄에 있어서 처벌불원의 의사표시의 부존재는 소위 소극적 소송조건으로서 직권조사사항이라 할 것이므로 당사자가 항소이유로 주장하지 아니하였다고 하더라도 원심은 이를 직권으로 조사·판단하여야 할 것이다.[26] 반의사불벌죄에서 피고인 또는 피의자의 처벌을 희망하지 않는다는 의사표시 또는 처벌희망 의사표시 철회의 유무나 그 효력 여부에 관한 사실은 엄격한 증명의 대상이 아니라 증거능력이 없는 증거나 법률이 규정한 증거조사방법을 거치지 아니한 증거에 의한 증명, 이른바 자유로운 증명의 대상이다.[27]

한편, 반의사불벌죄의 경우에도 피해자인 청소년에게 의사능력이 있는 이상 단독으로 피고인 또는 피의자의 처벌을 희망하지 않는다는 의사표시 또는 처벌희망 의사표시의 철회를 할 수 있고, 법정대리인의 동의가 있어야 하는 것은 아니다. 다만, 피해자인 청소년의 의사능력은 그 나이, 지능, 지적 수준, 발달성숙도 및 사회적응력 등에 비추어 그 범죄의 의미, 피해를 당한 정황, 처벌을 희망하지 않는다는 의사표시 또는 처벌희망 의사표시의 철회가 가지는 의미·내용·효과를 이해하고 알아차릴 수 있는 능력을 말하고, 그 의사표시는 흠이 없는 진실한 것이어야 하므로, 법원으로서는 위와 같은 의미에서 피해자인 청소년에게 의사능력이 있는지 여부 및 그러한 의사표시가 진실한 것인지 여부를 세밀하고 신중하게 조사·판단하여야 한다.[28]

II. 경찰: 담당 수사관을 통한 구두 확인 또는 정보공개청구

담당 수사관을 통해 피해자에게 합의 의사가 있는지 또는 피해자 사선변호인이나 피해자 국선변호인이 선정되어 있는지 확인할 필요가 있다.

---

26) 대법원 2001. 4. 24. 선고 2000도3172 판결.
27) 대법원 2010. 10. 14. 선고 2010도5610, 2010전도31 판결.
28) 대법원 2010. 10. 14. 선고 2010도5610, 2010전도31 판결.

최근에는 경찰이 피해자에게 합의 의사를 묻는 것을 부담스러워하는 경향이 있다. 아무래도 경찰이 피해자에게 합의 의사를 확인하는 경우, 피해자의 입장에서는 경찰이 피의자를 대변한다는 오해를 할 수 있기 때문인 것으로 보인다.

경찰이 피해자에게 의사 확인을 하고, 만일 피해자에게 합의 의사가 있는 경우라면 보통은 피해자가 수사기관으로부터 전달받은 '변호인'의 연락처로 연락하는 방식으로 합의가 시작된다.

이외에도 피해자 사선 또는 국선변호인의 연락처를 변호인에게 알려 주는 경우가 있으며, 피해자 본인의 의사 또는 국선변호인의 의사에 따라 연락처를 아예 변호인에게 알려 주지 않는 경우가 있다. 그러나 후자의 경우 의뢰인의 방어권을 상당히 제약하는바, 이러한 경찰의 실무 관행은 개선될 필요가 있다.

관련 칼럼

"그래도, 변호인이잖아요"

변호사 안 갑 철

형사전문 변호사, 의뢰인들의 억울함을 밝혀 주는 것이 최우선 과제이지만 범죄사실을 고백하고 진심으로 반성하는 의뢰인들을 위해 피해자와의 합의를 끌어내는 것도 중요한 업무다. 특히 성범죄 영역에서 피해자의 처벌불원 의사가 양형에 미치는 효과는 거의 절대적이라는 점은 이론이 없을 듯하다.

자백 사건을 변호하는 과정에서 피해자 사선변호사 또는 국선변호사(이하 '피해자 변호사'라고만 한다)가 선정되었는지를 확인하는 것은 필수다. 어디까지나 내 경험이 기준이긴 하나, 검찰의 경우 이를 잘 알려 주는 편이고, 법원의 경우 공소장에 피해자 국선이나 사선변호인 선정서가 첨부되어 있으므로 이에 대한 열람·복사를 통해 그 정보를 확인한다. 그런데 경찰의 경우 그 처리방식이 각 경찰서마다 다른 것 같다. 정확히는, 수사관이나 그 팀의 분위기에 따라 갈리는 것 같다.

피의자에 대한 조사 이전에도, 구두로 자백할 사건이니 피해자 변호사를 알려 달라고 할 경우 알려 주는 경우도 있고, 경찰 조사 때 자백한 경우에 알려 주는 경우도 있다. 그리고 최악은 경찰 조사 이후 자백하고서도 알려 주지 않는 경우이다. 경찰이 피해자 변호사를 알려 주지 않는 경우가 여럿 있을 것으로 추측되나, 내 경험상으로는 피의자에 대한 구속 등 내부적인 성과를 위해 알려 주지 않는 경우가 대부분이라고 생각한다. 피해자와 합의하여 피해자가 처벌불원 의사를 보였다면, 피해자가 처벌을 원치 않는 상황에서 굳이 법원이 피의자를 구속할 필요성은 상당히 낮아지기 때문이다.

그러나 나는 이러한 경찰의 관행은 피의자의 방어권을 상당히 제한하는 것으로서 시정될 필요가 있다고 생각한다. 형사법의 영역이기는 하지만, 결국 피해자 변호사의 본질도 '대리(代理)'에 있다. 성폭력범죄의 처벌 등에 관한 특례법에서도 피해자는 변호사를 선임할 수 있고(제27조 제1항), 그 변호사는 형사절차에서 피해자등의 대리가 허용될 수 있는 모든 소송행위에 대한 포괄적인 대리권을 가진다고 되어 있다(제27조 제5항).

즉, 피해사 벼호사는 대리인이므로, 수사기관인 경찰은 피해자 변호사가 누구인지 변호인에게 알려 줘도 피해자의 권익이 침해되는 것은 아니다. 피해자는 '가명'으로 특정되어 있고(동법 제23조), 피해자의 인적사항 등에 대하여 누설하는 경우 등 처벌 규정도 마련되어 있기 때문이다(동법 제24조). 피의자의 변호인은 '대리인'에게 의사를 전달하는 것이지, '본인'에게 의사를 전달하는 것이 아니라는 점에서 더욱 그러하다.

> 그런데 최근 황당한 전화를 받았다. 자신이 피해자 사선변호인인데, 내가 연락받기를 기다렸다고 수사기관으로부터 전달받았다는 것이다. 그리고 사무실명을 수사기관이 알려 준 것으로 들었는데 왜 지금까지 연락 한 번 안 주셨냐고 반문했다. 분명히 담당 수사관에게 피해자 변호사가 누구인지 알려 달라고 수차례 말했지만, 지금까지 알려 주지 않다가 의뢰인이 구속되고 나니 피의자 변호인이 애타게 연락을 기다리고 있다고 전달한 것이다. 피해자 변호사의 오해는 풀었지만, 경찰의 그러한 악행은 매우 유감이다. 연달아 두 명의 의뢰인이 피해자와는 합의 시도도 하지 못한 상황에서 구속이 되었다. 이렇게 된 이상, (누구나 예상 가능하겠지만) 수사기관이 피해자 변호사의 연락처를 변호인에게 알려 주지 않은 것은 '구속'이라는 실적을 위한 것임이 밝혀진 셈이다.
>
> 그래서 한마디 하고 싶다. "그래도, 변호인이잖아요."
> 이제는, 구두로 알려 주지 않으면 정보공개청구라도 해야겠다.
>
> http://news.seoulbar.or.kr/news/articleView.html?idxno=2772
> 서울지방변호사회 회보 2023. 1월호 中

III. 검찰: 주임검사실을 통한 피해자 또는 피해자 국선변호인 확인 및 형사조정신청

경찰단계에서 피해자와 합의에 이르지 못하였다면, 검찰단계에서 다시 합의를 시도해야 한다. 경찰에서와 같이 주임검사실에 피해자의 합의 의사 또는 피해자 사선 또는 국선변호인을 확인해야 한다.

이외에도 '형사조정' 제도를 활용해 볼 수 있다. 변호인으로서는 '형사조정'을 통해서도 피해자의 합의 의사 확인이 가능하다. 왜냐하면 형사조정이 검사 '직권'으로 회부될 수 있기는 하나 실무상 피해자에게 합의 의사를 확인하고, '합의 의사가 있는 경우에 한하여' 조정에 회부하기 때문이다.

사건이 형사조정으로 회부되면 사건은 '기소중지' 상태로 변경되며, 형사조정 성부를 떠나 새로운 번호가 부여된다.

범죄 피해자 보호법

제6장 형사조정
제41조(형사조정 회부)
① 검사는 피의자와 범죄 피해자(이하 "당사자"라 한다) 사이에 형사분쟁을 공정하고 원만하게 해결하여 범죄 피해자가 입은 피해를 실질적으로 회복하는 데 필요하다고 인정하면 당사자의 신청 또는 직권으로 수사 중인 형사사건을 형사조정에 회부할 수 있다.
② 형사조정에 회부할 수 있는 형사사건의 구체적인 범위는 대통령령으로 정한다. 다만, 다음 각 호의 어느 하나에 해당하는 경우에는 형사조정에 회부하여서는 아니 된다.
　1. 피의자가 도주하거나 증거를 인멸할 염려가 있는 경우
　2. 공소시효의 완성이 임박한 경우
　3. 불기소처분의 사유에 해당함이 명백한 경우(다만, 기소유예처분의 사유에 해당하는 경우는 제외한다)

제42조(형사조정위원회)
① 제41조에 따른 형사조정을 담당하기 위하여 각급 지방검찰청 및 지청에 형사조정위원회를 둔다.

② 형사조정위원회는 2명 이상의 형사조정위원으로 구성한다.

③ 형사조정위원은 형사조정에 필요한 법적 지식 등 전문성과 덕망을 갖춘 사람 중에서 관할 지방검찰청 또는 지청의 장이 미리 위촉한다.

④ 「국가공무원법」 제33조 각 호의 어느 하나에 해당하는 사람은 형사조정위원으로 위촉될 수 없다.

⑤ 형사조정위원의 임기는 2년으로 하며, 연임할 수 있다.

⑥ 형사조정위원회의 위원장은 관할 지방검찰청 또는 지청의 장이 형사조정위원 중에서 위촉한다.

⑦ 형사조정위원에게는 예산의 범위에서 법무부령으로 정하는 바에 따라 수당을 지급할 수 있으며, 필요한 경우에는 여비, 일당 및 숙박료를 지급할 수 있다.

⑧ 제1항부터 제7항까지에서 정한 사항 외에 형사조정위원회의 구성과 운영 및 형사조정위원의 임면(任免) 등에 관한 사항은 대통령령으로 정한다.

제43조(형사조정의 절차)

① 형사조정위원회는 당사자 사이의 공정하고 원만한 화해와 범죄 피해자가 입은 피해의 실질적인 회복을 위하여 노력하여야 한다.

② 형사조정위원회는 형사조정이 회부되면 지체 없이 형사조정 절차를 진행하여야 한다.

③ 형사조정위원회는 필요하다고 인정하면 형사조정의 결과에 이해관계가 있는 사람의 신청 또는 직권으로 이해관계인을 형사조정에 참여하게 할 수 있다.

④ 제1항부터 제3항까지에서 정한 사항 외에 형사조정의 절차에 관한 사항은 대통령령으로 정한다.

제44조(관련 자료의 송부 등)

① 형사조정위원회는 형사사건을 형사조정에 회부한 검사에게 해당 형사사건에 관하여 당사자가 제출한 서류, 수사서류 및 증거물 등 관련 자료의 사본을 보내 줄 것을 요청할 수 있다.

② 제1항의 요청을 받은 검사는 그 관련 자료가 형사조정에 필요하다고 판단하면 형사조정위원회에 보낼 수 있다. 다만, 당사자 또는 제3자의 사생활의 비밀이나 명예를 침해할 우려가 있거나 수사상 비밀을 유지할 필요가 있다고 인정하는 부분은 제외할 수 있다.

③ 당사자는 해당 형사사건에 관한 사실의 주장과 관련된 자료를 형사조정위원회에 제출할 수 있다.

④ 형사조정위원회는 제1항부터 제3항까지의 규정에 따른 자료의 제출자 또는 진술자의 동의를 받아 그 자료를 상대방 당사자에게 열람하게 하거나 사본을 교부 또는 송부할 수 있다.

⑤ 관련 자료의 송부나 제출 절차 및 열람 등에 대한 동의의 확인 방법 등에 관한 사항은 대통령령으로 정한다.

제45조(형사조정절차의 종료)

① 형사조정위원회는 조정기일마다 형사조정의 과정을 서면으로 작성하고, 형사조정이 성립되면 그 결과를 서면으로 작성하여야 한다.

② 형사조정위원회는 조정 과정에서 증거위조나 거짓 진술 등의 사유로 명백히 혐의가 없는 것으로 인정하는 경우에는 조정을 중단하고 담당 검사에게 회송하여야 한다.

③ 형사조정위원회는 형사조정 절차가 끝나면 제1항의 서면을 붙여 해당 형사사건을 형사조정에 회부한 검사에게 보내야 한다.

④ 검사는 형사사건을 수사하고 처리할 때 형사조정 결과를 고려할 수 있다. 다만, 형사조정이 성립되지 아니하였다는 사정을 피의자에게 불리하게 고려하여서는 아니 된다.

> ⑤ 형사조정의 과정 및 그 결과를 적은 서면의 서식 등에 관한 사항은 법무부령으로 정한다.
>
> **제46조(준용규정)** 형사조정위원이나 형사조정위원이었던 사람에 관하여는 제38조부터 제40조까지의 규정을 준용한다.

Ⅳ. 법원: 열람·복사 신청 및 공탁

피해자 사선이나 국선변호인이 선정되어 있다면 대리인을 통해서 합의를 진행하면 된다. 그러나 피해자 측에 대리인이 선임되어 있지 않은 경우에는, 피해자의 인적 사항이 담긴 증거에 대하여 열람·복사 신청을 통해 확인해야 한다.

사건 기록은 피해자의 개인정보는 삭제된 상태이므로, 이에 대한 열람·복사를 통해 피해자의 인적사항을 확인하는 것이다. 다만, 이 경우 법원 실무관이 피해자에게 연락하여 피해자가 연락처를 알려 줘도 된다는 승낙하에 확인이 가능할 뿐이다.

법원 역시 피해자와 연락이 되지 않는다면, 피해자와 연락하여 합의할 수 있는 방법은 실질적으로 없다.

다만, 최근 공탁법 개정으로 형사공탁이 가능해졌다. 그러나 공탁 사실이 피해자에게 통보되고, 피해자가 '피고인의 공탁금 회수'에 대하여 동의를 하면 사실상 공탁은 크게 의미가 없다고 볼 수 있다.

2020. 12. 8. 법률 제17567호로 일부 개정되고 2022. 12. 9. 시행되는 공탁법

◇ **개정이유 및 주요내용**

현행법령은 민사상 변제공탁을 원칙으로 피공탁자의 특정, 공탁통지 절차 및 공탁물출급 절차의 정확성 담보 등을 위하여 공탁서에 피공탁자의 성명·주소·주민등록번호 등 인적사항을 기재하도록 규정하고 있음.

그러나 형사사건의 경우 민사와 달리 피공탁자가 범죄 피해자라는 특성상 피공탁자의 인적사항을 확인하기 어려운 경우가 많아 공탁을 하지 못하는 상황이 발생하고 있음.

이에 따라 피고인은 불법적인 수단을 동원하여 피해자의 인적사항을 알아내고 해당 피해자를 찾아가 합의를 종용하고 협박하는 등의 문제가 발생하고 있음.

이에 형사공탁 특례 제도를 도입하여 형사사건에 있어서 피고인은 공탁서에 피해자의 인적사항 대신 사건번호 등을 기재할 수 있도록 하고, 피공탁자에 대한 공탁통지는 공탁관이 인터넷 홈페이지 등에 공고하는 방법으로 갈음할 수 있도록 함으로써 피해자의 사생활을 보호하고 피고인이 피해자의 인적사항을 모르는 경우에도 공탁할 수 있는 기회를 부여하려는 것임.

〈법제처 제공〉

제5조의2(형사공탁의 특례)

① 형사사건의 피고인이 법령 등에 따라 피해자의 인적사항을 알 수 없는 경우에 그 피해자를 위하여 하는 변제공탁(이하 "형사공탁"이라 한다)은 해당 형사사건이 계속 중인 법원 소재지의 공탁소에 할 수 있다.

② 형사공탁의 공탁서에는 공탁물의 수령인(이하 이 조에서 "피공탁자"라 한다)의 인적사항을 대신하여 해당 형사사건의 재판이 계속 중인 법원(이하 이 조에서 "법원"이라 한다)과 사건번호, 사건명, 조서, 진술서, 공소장 등에 기재된 피해자를 특정할 수 있는 명칭을 기재하고, 공탁원인사실을 피해

발생시점과 채무의 성질을 특정하는 방식으로 기재할 수 있다.

③ 피공탁자에 대한 공탁통지는 공탁관이 다음 각 호의 사항을 인터넷 홈페이지 등에 공고하는 방법으로 갈음할 수 있다.

  1. 공탁신청 연월일, 공탁소, 공탁번호, 공탁물, 공탁근거 법령조항

  2. 공탁물 수령·회수와 관련된 사항

  3. 그 밖에 대법원규칙으로 정한 사항

④ 공탁물 수령을 위한 피공탁자 동일인 확인은 다음 각 호의 사항이 기재된 법원이나 검찰이 발급한 증명서에 의한다.

  1. 사건번호

  2. 공탁소, 공탁번호, 공탁물

  3. 피공탁자의 성명·주민등록번호

  4. 그 밖에 동일인 확인을 위하여 필요한 사항

⑤ 형사공탁의 공탁서 기재사항, 첨부하여야 할 서면, 공탁신청, 공탁공고 및 공탁물 수령·회수 절차 등 그 밖에 필요한 사항은 대법원규칙으로 정한다.

[기재례]

합의서(처벌불원의사표시)

사 건 2022노****
피고인 델레알리
피해자

위 사건에 관하여 피해자는 아래와 같이 피고인에 대한 처벌을 원치 아니합니다.

아 래

1. 피해자는 위 사건에 대하여 피고인으로부터 피해를 입었으나 피고인에 대한 처벌을 원하지 않는다는 내용의 본 합의서를 작성하여 귀원에 제출하는 바입니다.

2. 피해자   는 이 사건에 관한 피고인의 행위에 대하여 민, 형사상 이의를 제기하지 아니할 것이며, 피고인에 대하여 어떠한 처벌도 원하지 아니하는바 피고인에 대한 선처를 부탁합니다.

3. 피고인은 피해자에게 합의금으로 금 20,000,000(이천만)원을 지급하기로 합니다(입금계좌:).

첨 부 서 류

1. 피해자 신분증

2023. 7.

피 해 자　　　(인)
생년월일
연 락 처

서울고등법원 제*형사부 귀중

제6장

구속사건의 처리1

: 영장실질심사 대비 및 구속적부심

구속사건의 처리1 : 영장실질심사 대비 및 구속적부심

I. 의의

어떤 변호인도 의뢰인의 구속을 원치 않는다. 의뢰인의 구속은 생각보다 방어권 행사에 많은 제약을 가져오게 된다. 제일 큰 문제는, 의뢰인과의 소통이 변호인 접견이나 서신의 교환 등을 통해 제한적으로 이루어질 수밖에 없다는 것이다. 물론, 변호인 접견은 이론상 그 제한이 없다. 하지만, 평소 의뢰인과 자유롭게 대면하거나 전화통화 및 메시지 등으로 의사소통하다가, 의뢰인이 구속되면 변호인 접견이라는 절차를 거쳐야 한다는 점에서 물리적인 제약이 따를 수밖에 없는 것이다.

변호사가 구속된 의뢰인을 접견할 때에는 그 어떠한 전자적 통신 장비를 소지할 수 없으므로, 업무를 처리함에 불편함이 따를 수밖에 없다. 게다가, 구속된 의뢰인에 대한 접견은 통상적으로 ① 경찰서 유치장에 수감되어 있는 경우와 ② 구치소에 수감되어 있는 경우로 나눌 수 있는데, 특별한 사정이 없는 한 경찰서 유치장에서의 접견은 접견 신청일에 바로 접견할 수 있는 데 반하여, 구치소에 수감된 경우에는 통상적으로 변호인 접견 신청일 익일에 이루어진다는 점에서 더욱 그러하다. 경찰서 유치장 접견의 경우 접견 신청일에 바로 접견할 수 있다고 하더라도, 장소적인 제약이 있어 같은 날 다른 변호인이 먼저 접견하고 있다면, 선행 접견이 다 끝나기까지 기다려야 하는 경우도 있다.

의뢰인에 대한 영장실질심사는, 결국 피의자에 대한 방어권을 행사하기 위한 차원이나 그 핵심은 변호인의 변론권과도 무관하지 않다고 본다. 의뢰인의 구속은 결국 방어권 행사의 제약으로 이어지며, 이는 변론권의 제약과 다를 바 없기 때문이다.

II. 영장실질심사

수사기관의 영장 청구는 ① 사전 구속영장 청구와 ② 사후 구속영장 청구로 나눌 수 있다. 실무상 전자의 경우 '사전청구' 또는 '사전영장'이라는 용어를 사용하고, 후자의 경우 '사후청구' 또는 '사후영장'이라는 용어를 사용한다.

사전 구속영장 청구는 형사소송법 제201조에 의한 것이고, 사후 구속영장 청구는 영장에 의한 체포, 긴급체포, 현행범인의 체포의 경우 48시간 이내에 영장 청구를 하는 것을 뜻한다.

그리고 어느 경우라도 수사기관의 영장 청구가 있는 경우 형사소송법 제201조의2에 의한 구속영장실질심사가 이루어지게 된다.

이때 특별한 사정이 없는 한 사전 구속영장에 대한 실질심사는 평일에, 사후 구속영장에 대한 실질심사는 평일 및 주말을 가리지 않고 열린다. 사후 영장의 경우 48시간 이내에 영장을 청구해야 하기 때문이다.

1. 사전 구속영장 청구

> **형사소송법**
>
> **제70조(구속의 사유)**
> ① 법원은 피고인이 죄를 범하였다고 의심할 만한 상당한 이유가 있고 다음 각 호의 1에 해당하는 사유가 있는 경우에는 피고인을 구속할 수 있다.
>   1. 피고인이 일정한 주거가 없는 때
>   2. 피고인이 증거를 인멸할 염려가 있는 때
>   3. 피고인이 도망하거나 도망할 염려가 있는 때

② 법원은 제1항의 구속사유를 심사함에 있어서 범죄의 중대성, 재범의 위험성, 피해자 및 중요 참고인 등에 대한 위해우려 등을 고려하여야 한다.

③ 다액 50만 원 이하의 벌금, 구류 또는 과료에 해당하는 사건에 관하여는 제1항 제1호의 경우를 제한 외에는 구속할 수 없다.

제201조(구속)

① 피의자가 죄를 범하였다고 의심할 만한 상당한 이유가 있고 제70조 제1항 각 호의 1에 해당하는 사유가 있을 때에는 검사는 관할지방법원판사에게 청구하여 구속영장을 받아 피의자를 구속할 수 있고 사법경찰관은 검사에게 신청하여 검사의 청구로 관할지방법원판사의 구속영장을 받아 피의자를 구속할 수 있다. 다만, 다액 50만 원 이하의 벌금, 구류 또는 과료에 해당하는 범죄에 관하여는 피의자가 일정한 주거가 없는 경우에 한한다.

② 구속영장의 청구에는 구속의 필요를 인정할 수 있는 자료를 제출하여야 한다.

③ 제1항의 청구를 받은 지방법원판사는 신속히 구속영장의 발부 여부를 결정하여야 한다.

④ 제1항의 청구를 받은 지방법원판사는 상당하다고 인정할 때에는 구속영장을 발부한다. 이를 발부하지 아니할 때에는 청구서에 그 취지 및 이유를 기재하고 서명날인하여 청구한 검사에게 교부한다.

⑤ 검사가 제1항의 청구를 함에 있어서 동일한 범죄사실에 관하여 그 피의자에 대하여 전에 구속영장을 청구하거나 발부받은 사실이 있을 때에는 다시 구속영장을 청구하는 취지 및 이유를 기재하여야 한다.

제201조의2(구속영장 청구와 피의자 심문)

① 제200조의2·제200조의3 또는 제212조에 따라 체포된 피의자에 대하여 구속영장을 청구받은 판사는 지체 없이 피의자를 심문하여야 한다. 이 경우 특별한 사정이 없는 한 구속영장이 청구된 날의 다음 날까지 심문하여야 한다.

② 제1항 외의 피의자에 대하여 구속영장을 청구받은 판사는 피의자가 죄를 범하였다고 의심할 만한 이유가 있는 경우에 구인을 위한 구속영장을 발부하여 피의자를 구인한 후 심문하여야 한다. 다만, 피의자가 도망하는 등의 사유로 심문할 수 없는 경우에는 그러하지 아니하다.

③ 판사는 제1항의 경우에는 즉시, 제2항의 경우에는 피의자를 인치한 후 즉시 검사, 피의자 및 변호인에게 심문기일과 장소를 통지하여야 한다. 이 경우 검사는 피의자가 체포되어 있는 때에는 심문기일에 피의자를 출석시켜야 한다.

④ 검사와 변호인은 제3항에 따른 심문기일에 출석하여 의견을 진술할 수 있다.

⑤ 판사는 제1항 또는 제2항에 따라 심문하는 때에는 공범의 분리심문이나 그 밖에 수사상의 비밀보호를 위하여 필요한 조치를 하여야 한다.

⑥ 제1항 또는 제2항에 따라 피의자를 심문하는 경우 법원사무관 등은 심문의 요지 등을 조서로 작성하여야 한다.

⑦ 피의자 심문을 하는 경우 법원이 구속영장 청구서·수사 관계 서류 및 증거물을 접수한 날부터 구속영장을 발부하여 검찰청에 반환한 날까지의 기간은 제202조 및 제203조의 적용에 있어서 그 구속기간에 이를 산입하지 아니한다.

⑧ 심문할 피의자에게 변호인이 없는 때에는 지방법원판사는 직권으로 변호인을 선정하여야 한다. 이 경우 변호인의 선정은 피의자에 대한 구속영장 청구가 기각되어 효력이 소멸한 경우를 제외하고는 제1심까지 효력이 있다.

⑨ 법원은 변호인의 사정이나 그 밖의 사유로 변호인 선정결정이 취소되어 변호인이 없게 된 때에는 직권으로 변호인을 다시 선정할 수 있다.

⑩ 제71조, 제71조의2, 제75조, 제81조부터 제83조까지, 제85조 제1항·제3항·제4항, 제86조, 제87조제1항, 제89조부터 제91조까지 및 제200조의5는 제2항에 따라 구인을 하는 경우에 준용하고, 제48조, 제51조, 제53조, 제56조의2 및 제276조의2는 피의자에 대한 심문의 경우에 준용한다.

사법경찰관은 '검사에게 신청'하여 '검사의 청구'로, 검사는 직접 구속영장의 청구가 가능하다(형사소송법 제201조 제1항).

이렇게 수사기관의 영장 청구가 있으면, 변호인은 영장 청구서를 확보하여 실질심사를 준비해야 한다. 검사의 기소 이전까지는 사건의 기록을 볼 수 없으므로, 수사기관의 영장 청구가 확인되면 신속하게 영장 청구서를 확보하여 방어 논리를 짜야 한다. 이와 더불어 변호인은 통상적으로 영장 청구서와 고소장 및 피의자신문조서를 통해서 내용을 확인하고 방어할 수밖에 없다.

통상적으로 하루나 이틀 전에 피의자 심문기일이 지정되며, 실질심사에 있어서 변론은 구두 변론이 가능하며, 변호인의견서의 제출이 필수 사항은 아니다. 피의자에 대한 심문 결과는 특별한 사정이 없는 한 보통 심문이 있었던 날 저녁 이후에 나온다.

한편, 군사법원의 경우 심문기일과 그 통지를 심사기일이 있는 날(같은 날) 오전에 알려 주고 그 결과도 심문이 종료된 이후 10분 정도 지나서 난 사례가 있는데, 과연 그와 같은 절차가 정당한지 지금도 의문이다.[29]

관련 칼럼

"츤데레 판사님의 영장 기각"

변호사 안 갑 철

내가 배당받은 사건은 그야말로 범죄 종합 세트였다. 이미 경찰이 의뢰인을 체포하고 곧 이어 구속 영장을 신청하였지만 운이 좋게 구속되지 않았고, 실형을 면하는 것을 목표로 선임된 사건이었다.

---

29) 자세히 밝히기에는 곤란하지만, 저자가 출근할 때에 담당 수사관으로부터 영장이 청구되어 같은 날 오후에 영장실질심사를 한다는 말을 들었으며, 저자가 변론을 마치고 군사법원을 나올 때 영장이 발부되었다는 소식을 들었다.

의뢰인은 19**년생으로 어떻게 보면 매우 어린 나이였다. 사건을 파악하기 위하여 그를 사무실로 불러서 미팅을 하였을 때의 충격을 잊을 수 없다. 왜소한 체격에 앳된 얼굴을 한 그 사람이, 이런 범죄를 저질렀다니 믿을 수 없기 이전에 인간으로서 연민을 느꼈다.

그의 범죄사실은 3회에 걸쳐 성폭력범죄의처벌등에관한특례법위반(카메라등이용촬영), 8회에 걸쳐 강제추행, 4회에 걸쳐 강요 및 유사강간, 2회에 걸쳐 상해, 강제추행미수였다. 사귀던 여자 친구였던 피해자가 다른 남성과 연락을 했다는 이유로 저지른 범죄치고는, 너무나도 잔인하고 극악무도했다.

양형자료를 준비해야 하는데, 다른 의뢰인만큼 잘 준비해 오지 않았다. 연락도 잘 닿지 않았다. 어쩌다 한 번 연락이 닿으면 꼭 울 것 같은 목소리로 밤을 꼬박 새워 아르바이트를 했다고 한다. 그의 목소리에서 절박함과 처절함이 느껴졌다.

사건이 검찰에 있었고, 경찰에서 일부 혐의를 다퉜던 만큼 분명히 의뢰인에게 연락이 갈 사안이었다. 그가 전화를 잘 받지 않을 것 같아서 걱정이 됐는데, 역시 검찰에서 전화가 왔다. 우여곡절 끝에 의뢰인과 연락이 닿아 검찰 조사를 받았고, 전부 번의하여 자백했다. 평소 의뢰인이 검찰의 전화를 잘 받지는 못해 인상은 좋지 않았겠지만, 영장의 재청구 없이 검찰의 기소만 남았다고 생각했다.

그런데 한 달 정도가 지나서 검찰이 구속영장을 청구했다는 소식을 들었다. 검찰의 청구서 내용은 형사소송법에 기재된 기본적인 내용에 더하여 피해자와의 합의를 위하여 어떠한 노력도 하지 않았고, 피의자가 반성하고 있는지 의문이며, 같은 학교에 다녔기 때문에 2차 피해가 우려된다는 등의 내용으로 구성되어 있었다.

영장 청구서는 의뢰인을 세상에서 가장 악한 사람으로 묘사하는 재주가 있다. 의뢰인은 나와 피해자 국선변호인을 통해서 합의를 진행하고 있었고, 자신이 다니던 학교마저도 자퇴한 상황이었다.

변호인의견서를 준비하고, 법정 앞에서 의뢰인을 만났다. "최선을 다 하겠지만, 결과가 좋지 않더라도 낙심하지 말자. 어차피 이 사건 무조건 합의해야 하는데, 구속되면 피해자 감정이 누그러뜨려져서 합의가 더 잘 될 수도 있다. 그러니 먼저 들어가는 편이 나을 수 있다."며 의뢰인을 위로했다.

의뢰인에 대한 구속영장실질심사가 시작됐고, 나의 의견 개진 차례가 되어 의견서를 제출하고, 진술했다.

"먼저 구체적인 의견을 밝히기 전에, 이 사건 피의자는 전부 번의하여 자백하고 있고, 검찰의 수사도 성실하게 받은 상태로 수사도 거의 다 된 상황으로, 검사가 기소만 하면 되는데 영장을 재청구한 것에 대하여 강한 유감을 표합니다."
"유감이라니요, 범죄사실 보고도 그런 말이 나옵니까?"
"변호인으로서 말씀드리는 겁니다."

이어서 검찰의 영장 청구서와의 내용과는 달리, 의뢰인은 나와 피해자 국선변호인을 통하여 합의를 진행하여 온 점, 피해자와 다니던 학교를 자퇴하였고 피해자에게 연락하여 제2차 피해를 유발할 경우 의뢰인이 감당해야 하는 불이익을 충분히 알고 있는 점 등을 피력했다. 그리고,

"검찰이 시민위원회를 거쳐서 영장을 재청구한 것 역시 납득이 가지 않습니다. 검찰은 이미 조사를 거의 다 끝냈고, 피의자를 구속하고자 한다면 그냥 영장 청구하면 됩니다. 왜 굳이 시민위원회를 거쳐서 영장을 청구한 것인지 시민위원회의 결정은 존중하나 서류만 보고 판단한 것은 납득할 수 없습니다."

"그런 건 말하지 마시고, 구속사유에 대해서만 말씀하세요."

"변호인으로서 말씀드리는 겁니다. 서류가 아니라 사람을 봐 주셨으면 해서 드리는 말씀입니다."

의뢰인이 마지막으로 하고 싶은 말을 하는데 꽤 인상적이었다. 자기변명만 늘어놓는 무책임한 사람들과는 달랐다. 그는 확실히 자기 책임을 논했다.

"(전략) 제가 얼마나 중범죄를 저질렀는지 알고 있습니다. 합의가 되지 않으면 제가 받아들여야 할 결과도 알고 있습니다. 그리고 그 모든 책임을 질 것입니다. 그렇지만, 저는 남은 시간 동안 피해자에게 사죄하고, 부족할지라도 최선의 배상을 하여 드리고 싶습니다. 또 부모님께 빚도 갚아야 합니다. 저 나름대로 정리할 수 있는 시간을 주셨으면 합니다."

수갑이 다시 채워지는 의뢰인에게 위로의 말을 전하고 나오는데 몹시도 불쾌했다. 의뢰인이 매우 중대한 범죄를 저질렀고, 피해자에게 씻지 못할 상처를 주었으며 그에 따른 책임을 져야 한다는 것에 공감한다. 그러나 의뢰인에게는 내가 아니면 그의 편을 들어 줄 사람이 없다.

재판장이 자신의 생각과 다르다는 이유만으로 변호인의 변론 중에 끼어드는 것은, 판사 대 변호인의 관계를 떠나 기본적으로 굉장히 무례한 처사였다. 변호인의 변호권은 헌법이 보장하고 있는 기본권인데, 나의 변호권이 침해됐다는 생각에 분하기까지 했다. 변호인이라면 응당 그와 같이 변론했어야 했다. 법에 어긋나는 변론이 아니었다. 당장에 법관 평가를 검색하기도 했다.

분을 삭이기도 전에 정신없이 다른 사건의 수사에 참여했다. 그리고 얼마 지나지 않아 영장이 기각됐다는 소식을 들었다. 나에게 소식을 알려 준 직원도 기적과 같은 일 같다며 놀라기도, 축하해 주기도 했다.

'츤데레 판사님이신가?'

　순간 나의 불쾌하고 분했던 그 마음도 눈 녹듯이 사라졌다. 서류가 아닌 사람을 봐 달라는 나의 진심과 피해자와 합의가 되지 않아 들어갈 땐 들어가더라도 정리할 시간을 달라는 의뢰인의 진심 어린 말이 담당 판사의 마음을 흔들었던 것 같다.

http://news.seoulbar.or.kr/news/articleView.html?idxno=1588
서울지방변호사회 회보 2019. 10월호 中

2. 사후 구속영장 청구

형사소송법

제200조의2(영장에 의한 체포)

① 피의자가 죄를 범하였다고 의심할 만한 상당한 이유가 있고, 정당한 이유 없이 제200조의 규정에 의한 출석요구에 응하지 아니하거나 응하지 아니할 우려가 있는 때에는 검사는 관할 지방법원판사에게 청구하여 체포영장을 발부받아 피의자를 체포할 수 있고, 사법경찰관은 검사에게 신청하여 검사의 청구로 관할지방법원판사의 체포영장을 발부받아 피의자를 체포할 수 있다. 다만, 다액 50만 원 이하의 벌금, 구류 또는 과료에 해당하는 사건에 관하여는 피의자가 일정한 주거가 없는 경우 또는 정당한 이유 없이 제200조의 규정에 의한 출석요구에 응하지 아니한 경우에 한한다.

② 제1항의 청구를 받은 지방법원판사는 상당하다고 인정할 때에는 체포영장을 발부한다. 다만, 명백히 체포의 필요가 인정되지 아니하는 경우에는 그러하지 아니하다.

③ 제1항의 청구를 받은 지방법원판사가 체포영장을 발부하지 아니할 때에는 청구서에 그 취지 및 이유를 기재하고 서명날인하여 청구한 검사에게 교부한다.

④ 검사가 제1항의 청구를 함에 있어서 동일한 범죄사실에 관하여 그 피의자에 대하여 전에 체포영장을 청구하였거나 발부받은 사실이 있는 때에는 다시 체포영장을 청구하는 취지 및 이유를 기재하여야 한다.

⑤ 체포한 피의자를 구속하고자 할 때에는 체포한 때부터 48시간 이내에 제201조의 규정에 의하여 구속영장을 청구하여야 하고, 그 기간 내에 구속영장을 청구하지 아니하는 때에는 피의자를 즉시 석방하여야 한다.

제200조의3(긴급체포)

① 검사 또는 사법경찰관은 피의자가 사형·무기 또는 장기 3년 이상의 징역이나 금고에 해당하는 죄를 범하였다고 의심할 만한 상당한 이유가 있고, 다음 각 호의 어느 하나에 해당하는 사유가 있는 경우에 긴급을 요하여 지방법원판사의 체포영장을 받을 수 없는 때에는 그 사유를 알리고 영장 없이 피의자를 체포할 수 있다. 이 경우 긴급을 요한다 함은 피의자를 우연히 발견한 경우 등과 같이 체포영장을 받을 시간적 여유가 없는 때를 말한다.

1. 피의자가 증거를 인멸할 염려가 있는 때
2. 피의자가 도망하거나 도망할 우려가 있는 때

② 사법경찰관이 제1항의 규정에 의하여 피의자를 체포한 경우에는 즉시 검사의 승인을 얻어야 한다.

③ 검사 또는 사법경찰관은 제1항의 규정에 의하여 피의자를 체포한 경우에는 즉시 긴급체포서를 작성하여야 한다.

④ 제3항의 규정에 의한 긴급체포서에는 범죄사실의 요지, 긴급체포의 사유 등을 기재하여야 한다.

제200조의4(긴급체포와 영장 청구기간)

① 검사 또는 사법경찰관이 제200조의3의 규정에 의하여 피의자를 체포한 경우 피의자를 구속하고자 할 때에는 지체 없이 검사는 관할지방법원판사에게 구속영장을 청구하여야 하고, 사법경찰관은 검사에게 신청하여 검사의 청구로 관할지방법원판사에게 구속영장을 청구하여야 한다. 이 경우 구속영장은 피의자를 체포한 때부터 48시간 이내에 청구하여야 하며, 제200조의3 제3항에 따른 긴급체포서를 첨부하여야 한다.

② 제1항의 규정에 의하여 구속영장을 청구하지 아니하거나 발부받지 못한 때에는 피의자를 즉시 석방하여야 한다.

③ 제2항의 규정에 의하여 석방된 자는 영장 없이는 동일한 범죄사실에 관하여 체포하지 못한다.

④ 검사는 제1항에 따른 구속영장을 청구하지 아니하고 피의자를 석방한 경우에는 석방한 날부터 30일 이내에 서면으로 다음 각 호의 사항을 법원에 통지하여야 한다. 이 경우 긴급체포서의 사본을 첨부하여야 한다.

1. 긴급체포 후 석방된 자의 인적사항
2. 긴급체포의 일시·장소와 긴급체포하게 된 구체적 이유
3. 석방의 일시·장소 및 사유
4. 긴급체포 및 석방한 검사 또는 사법경찰관의 성명

⑤ 긴급체포 후 석방된 자 또는 그 변호인·법정대리인·배우자·직계친족·형제자매는 통지서 및 관련 서류를 열람하거나 등사할 수 있다.

⑥ 사법경찰관은 긴급체포한 피의자에 대하여 구속영장을 신청하지 아니하고 석방한 경우에는 즉시 검사에게 보고하여야 한다.

> **제212조(현행범인의 체포)** 현행범인은 누구든지 영장 없이 체포할 수 있다.
>
> **제201조의2(구속영장 청구와 피의자 심문)**
> ① 제200조의2·제200조의3 또는 제212조에 따라 체포된 피의자에 대하여 구속영장을 청구받은 판사는 지체 없이 피의자를 심문하여야 한다. 이 경우 특별한 사정이 없는 한 구속영장이 청구된 날의 다음 날까지 심문하여야 한다.
>
> (이하 생략)

사전영장사건보다 더욱 급박하다. 사전영장사건의 경우 어느 정도 예측이 가능하다. 그러나 사후영장사건의 경우 그 요건에서 알 수 있듯이 영장에 의한 체포, 긴급체포[30] 또는 현행범인의 체포[31]로 인하여 48시간 이내에 영장을 청구해야 하고, 그 경우

---

[30] 사법경찰리가 현행범인으로 체포하는 경우에는 반드시 범죄사실의 요지, 구속의 이유와 변호인을 선임할 수 있음을 말하고 변명할 기회를 주어야 하며, 이러한 법리는 비단 현행범인을 체포하는 경우뿐만 아니라 긴급체포의 경우에도 마찬가지로 적용되는 것이고, 이와 같은 고지는 체포를 위한 실력행사에 들어가기 전에 미리 하여야 하는 것이 원칙이나, 달아나는 피의자를 쫓아가 붙들거나 폭력으로 대항하는 피의자를 실력으로 제압하는 경우에는 붙들거나 제압하는 과정에서 하거나, 그것이 여의치 않은 경우에는 일단 붙들거나 제압한 후에 지체 없이 하여야 한다(대법원 2010. 6. 24. 선고 2008도11226 판결). 긴급체포의 요건을 갖추었는지 여부는 사후에 밝혀진 사정을 기초로 판단하는 것이 아니라 체포 당시의 상황을 기초로 판단하여야 하고, 이에 관한 검사나 사법경찰관 등 수사 주체의 판단에는 상당한 재량의 여지가 있다고 할 것이나, 긴급체포 당시의 상황으로 보아서도 그 요건의 충족 여부에 관한 검사나 사법경찰관의 판단이 경험칙에 비추어 현저히 합리성을 잃은 경우에는 그 체포는 위법한 체포라 할 것이다(대법원 2008. 5. 29. 선고 2008도2099 판결). 긴급체포의 요건인 긴급성은 피의자를 긴급체포할 당시에 그때까지 수집된 자료 등을 종합하여 객관적으로 판단하여야 하고, 그 결과 사회통념에 비추어 체포영장을 청구할 시간적 여유가 있었으므로 긴급체포할 합리적 근거를 갖추지 못한 것이 밝혀졌음에도 불구하고 체포영장에 의한 체포절차를 밟지 아니하고 굳이 긴급체포를 하였다고 인정할 수 있는 사정이 있어야 그와 같은 긴급체포가 위법하게 된다(대법원 2003. 4. 8. 선고 2003다6668 판결).

[31] 현행범인은 누구든지 영장 없이 체포할 수 있고(형사소송법 제212조), 검사 또는 사법경찰관리(이하 '검사 등'이라고 한다) 아닌 이가 현행범인을 체포한 때에는 즉시 검사 등에게 인도하여야 한다(형사소송법 제213조 제1항). 여기서 '즉시'라고 함은 반드시 체포시점과 시간적으로 밀착된 시점이어야 하는 것은 아니고, '정당한 이유 없이 인도를 지연하거나 체포를 계속하는 등으로 불필요한 지체를 함이 없이'라는 뜻으로 볼 것이다. 또한 검사등이 현행범인을 체포하거나 현행범인을 인도받은 후 현행범인을 구속하고자 하는 경우 48시

이미 의뢰인이 체포된 상태이므로 그 가족들이 선임 계약을 체결할 수밖에 없다. 따라서 의뢰인을 접견할 수 있는 시간도 촉박하여 사건을 파악하는 데에도 물리적인 시간이 필요하며, 당연히 실질심사를 준비하는 것에 있어서도 그 난이도가 높다고 볼 수 있다.

사전영장사건과 마찬가지로 실질심사에 있어서 변론은 구두 변론이 가능하며, 변호인의견서의 제출이 필수 사항은 아니다. 피의자에 대한 심문 결과는 특별한 사정이 없는 한 보통 심문이 있었던 날 저녁 이후에 나온다.

III. 구속적부심

> **형사소송법**
>
> **제202조(사법경찰관의 구속기간)** 사법경찰관이 피의자를 구속한 때에는 10일 이내에 피의자를 검사에게 인치하지 아니하면 석방하여야 한다.

간 이내에 구속영장을 청구하여야 하고 그 기간 내에 구속영장을 청구하지 아니하는 때에는 즉시 석방하여야 한다(형사소송법 제213조의2, 제200조의2 제5항). 위와 같이 체포된 현행범인에 대하여 일정 시간 내에 구속영장 청구 여부를 결정하도록 하고 그 기간 내에 구속영장을 청구하지 아니하는 때에는 즉시 석방하도록 한 것은 영장에 의하지 아니한 체포 상태가 부당하게 장기화되어서는 안 된다는 인권보호의 요청과 함께 수사기관에서 구속영장 청구 여부를 결정하기 위한 합리적이고 충분한 시간을 보장해 주려는 데에도 그 입법취지가 있다고 할 것이다. 따라서 검사등이 아닌 이에 의하여 현행범인이 체포된 후 불필요한 지체 없이 검사등에게 인도된 경우 위 48시간의 기산점은 체포 시가 아니라 검사 등이 현행범인을 인도받은 때라고 할 것이다(대법원 2011. 12. 22. 선고 2011도12927 판결). 현행범인은 누구든지 영장 없이 체포할 수 있다(형사소송법 제212조). 현행범인으로 체포하기 위하여는 행위의 가벌성, 범죄의 현행성·시간적 접착성, 범인·범죄의 명백성 이외에 체포의 필요성 즉, 도망 또는 증거인멸의 염려가 있어야 하고, 이러한 요건을 갖추지 못한 현행범인 체포는 법적 근거에 의하지 아니한 영장 없는 체포로서 위법한 체포에 해당한다(대법원 1999. 1. 26. 선고 98도3029 판결 등 참조). 여기서 현행범인 체포의 요건을 갖추었는지 여부는 체포 당시의 상황을 기초로 판단하여야 하고, 이에 관한 검사나 사법경찰관 등 수사주체의 판단에는 상당한 재량의 여지가 있다고 할 것이나, 체포 당시의 상황으로 보아서도 그 요건의 충족 여부에 관한 검사나 사법경찰관 등의 판단이 경험칙에 비추어 현저히 합리성을 잃은 경우에는 그 체포는 위법하다고 보아야 한다(대법원 2002. 6. 11. 선고 2000도5701 판결, 대법원 2002. 12. 10. 선고 2002도4227 판결 등 참조).

제203조(검사의 구속기간) 검사가 피의자를 구속한 때 또는 사법경찰관으로부터 피의자의 인치를 받은 때에는 10일 이내에 공소를 제기하지 아니하면 석방하여야 한다.

제203조의2(구속기간에의 산입) 피의자가 제200조의2·제200조의3·제201조의2 제2항 또는 제212조의 규정에 의하여 체포 또는 구인된 경우에는 제202조 또는 제203조의 구속기간은 피의자를 체포 또는 구인한 날부터 기산한다.

제204조(영장발부와 법원에 대한 통지) 체포영장 또는 구속영장의 발부를 받은 후 피의자를 체포 또는 구속하지 아니하거나 체포 또는 구속한 피의자를 석방한 때에는 지체 없이 검사는 영장을 발부한 법원에 그 사유를 서면으로 통지하여야 한다.

제205조(구속기간의 연장)
① 지방법원판사는 검사의 신청에 의하여 수사를 계속함에 상당한 이유가 있다고 인정한 때에는 10일을 초과하지 아니하는 한도에서 제203조의 구속기간의 연장을 1차에 한하여 허가할 수 있다.
② 전항의 신청에는 구속기간의 연장의 필요를 인정할 수 있는 자료를 제출하여야 한다.

제214조의2(체포와 구속의 적부심사)
① 체포되거나 구속된 피의자 또는 그 변호인, 법정대리인, 배우자, 직계친족, 형제자매나 가족, 동거인 또는 고용주는 관할법원에 체포 또는 구속의 적부심사(適否審査)를 청구할 수 있다.
② 피의자를 체포하거나 구속한 검사 또는 사법경찰관은 체포되거나 구속된 피의자와 제1항에 규정된 사람 중에서 피의자가 지정하는 사람에게 제1항에 따른 적부심사를 청구할 수 있음을 알려야 한다.

③ 법원은 제1항에 따른 청구가 다음 각 호의 어느 하나에 해당하는 때에는 제4항에 따른 심문 없이 결정으로 청구를 기각할 수 있다.
  1. 청구권자 아닌 사람이 청구하거나 동일한 체포영장 또는 구속영장의 발부에 대하여 재청구한 때
  2. 공범이나 공동피의자의 순차청구(順次請求)가 수사 방해를 목적으로 하고 있음이 명백한 때
④ 제1항의 청구를 받은 법원은 청구서가 접수된 때부터 48시간 이내에 체포되거나 구속된 피의자를 심문하고 수사 관계 서류와 증거물을 조사하여 그 청구가 이유 없다고 인정한 경우에는 결정으로 기각하고, 이유 있다고 인정한 경우에는 결정으로 체포되거나 구속된 피의자의 석방을 명하여야 한다. 심사 청구 후 피의자에 대하여 공소제기가 있는 경우에도 또한 같다.
⑤ 법원은 구속된 피의자(심사청구 후 공소제기된 사람을 포함한다)에 대하여 피의자의 출석을 보증할 만한 보증금의 납입을 조건으로 하여 결정으로 제4항의 석방을 명할 수 있다. 다만, 다음 각 호에 해당하는 경우에는 그러하지 아니하다.
  1. 범죄의 증거를 인멸할 염려가 있다고 믿을 만한 충분한 이유가 있는 때
  2. 피해자, 당해 사건의 재판에 필요한 사실을 알고 있다고 인정되는 사람 또는 그 친족의 생명·신체나 재산에 해를 가하거나 가할 염려가 있다고 믿을 만한 충분한 이유가 있는 때
⑥ 제5항의 석방 결정을 하는 경우에는 주거의 제한, 법원 또는 검사가 지정하는 일시·장소에 출석할 의무, 그 밖의 적당한 조건을 부가할 수 있다.
⑦ 제5항에 따라 보증금 납입을 조건으로 석방을 하는 경우에는 제99조와 제100조를 준용한다.
⑧ 제3항과 제4항의 결정에 대해서는 항고할 수 없다.
⑨ 검사·변호인·청구인은 제4항의 심문기일에 출석하여 의견을 진술할 수 있다.

⑩ 체포되거나 구속된 피의자에게 변호인이 없는 때에는 제33조를 준용한다.

⑪ 법원은 제4항의 심문을 하는 경우 공범의 분리심문이나 그 밖에 수사상의 비밀보호를 위한 적절한 조치를 하여야 한다.

⑫ 체포영장이나 구속영장을 발부한 법관은 제4항부터 제6항까지의 심문·조사·결정에 관여할 수 없다. 다만, 체포영장이나 구속영장을 발부한 법관 외에는 심문·조사·결정을 할 판사가 없는 경우에는 그러하지 아니하다.

⑬ 법원이 수사 관계 서류와 증거물을 접수한 때부터 결정 후 검찰청에 반환된 때까지의 기간은 제200조의2 제5항(제213조의2에 따라 준용되는 경우를 포함한다) 및 제200조의4 제1항을 적용할 때에는 그 제한기간에 산입하지 아니하고, 제202조·제203조 및 제205조를 적용할 때에는 그 구속기간에 산입하지 아니한다.

⑭ 제4항에 따라 피의자를 심문하는 경우에는 제201조의2 제6항을 준용한다.

의뢰인이 수사단계에서 구속된 경우라면, 그 다음 절차로서 구속적부심을 고려할 수 있다. 구속적부심은 검사의 기소가 있기 전까지 재차 수사기관의 구속이 부당함을 주장할 수 있는 절차라고 하겠다.

통상적으로 혐의에 대하여 다툼이 있는 경우라면 구속적부심을 청구할 수 있고, 혐의에 대하여 인정하는 경우에는 이를 청구할 실익이 적다. 자백하는 사건에서 구속적부심의 청구는 특별한 사정이 없는 한 반성하지 않는다는 인상을 주기에 충분하기 때문이다.

주요 판례

헌재 2003. 3. 27. 선고 2000헌마474 결정

고소로 시작된 형사피의사건의 구속적부심절차에서 피구속자의 변호를 맡은 청구인으로서는 피구속자에 대한 고소장과 경찰의 피의자신문조서를 열람하여 그 내용을 제대로 파악하지 못한다면 피구속자가 무슨 혐의로 고소인의 공격을 받고 있는 것인지 그리고 이와 관련하여 피구속자가 수사기관에서 무엇이라고 진술하였는지 그리고 어느 점에서 수사기관 등이 구속사유가 있다고 보았는지 등을 제대로 파악할 수 없게 되고 그 결과 구속적부심절차에서 피구속자를 충분히 조력할 수 없음이 사리상 명백하므로 위 서류들의 열람은 피구속자를 충분히 조력하기 위하여 변호인인 청구인에게 그 열람이 반드시 보장되지 않으면 안 되는 핵심적 권리로서 청구인의 기본권에 속한다 할 것이다.

(중략)

고소로 시작된 형사피의사건의 구속적부심절차에서 피구속자의 변호를 맡은 변호인으로서는 피구속자가 무슨 혐의로 고소인의 공격을 받고 있는 것인지 그리고 이와 관련하여 피구속자가 수사기관에서 무엇이라고 진술하였는지 그리고 어느 점에서 수사기관 등이 구속사유가 있다고 보았는지 등을 제대로 파악하지 않고서는 피구속자의 방어를 충분히 조력할 수 없다는 것은 사리상 너무도 명백하므로 이 사건에서 변호인인 청구인은 고소장과 피의자신문조서의 내용을 알 권리가 있는 것이고 따라서 청구인은 정당한 이해관계를 가진 자로서 그 알 권리를 행사하여 피청구인에게 위 서류들의 공개를 청구할 권리가 있다고 할 것이다.

(중략)

고소장의 경우에는 여기에 나열된 증거방법이 변호인에게 공개되면 이에 대한 수사기관의 조사에 앞서 변호인 측에서 이에 대한 불법적인 작용을 시도하여 실체적 진실발견을 위한 수사가 방해될 수 있다는 우려가 있다. 그러나 고소장에 증거방법이 나열되지 않은 경우도 있고, 나열되어 있다 하여도 이를 제외하고 공개하는 것도 가능하며, 증거방법에 대한 불법적 작용은 변호사의 윤리와 실정법을 위반하는 것인데 변호사와 같은 고도의 윤리적 주체가 범죄적 행위에까지 나아갈 것을 전제로 하여 제도를 설정할 수는 없는 것이므로 위에서 본 우려는 고소장을 피의자신문조서와 달리 취급할 정당한 사유가 될 수 없다. 그렇다면 고소장과 피의자신문조서에 대한 열람 및 등사를 거부한 피청구인의 정보비공개결정은 청구인의 피구속자를 조력할 권리 및 알 권리를 침해하여 헌법에 위반된다고 할 것이다.

제7장

구속사건의 처리2

:보석

구속사건의 처리2 : 보석

형사소송법

제94조(보석의 청구) 피고인, 피고인의 변호인·법정대리인·배우자·직계친족·형제자매·가족·동거인 또는 고용주는 법원에 구속된 피고인의 보석을 청구할 수 있다.

제95조(필요적 보석) 보석의 청구가 있는 때에는 다음 이외의 경우에는 보석을 허가하여야 한다.
1. 피고인이 사형, 무기 또는 장기 10년이 넘는 징역이나 금고에 해당하는 죄를 범한 때
2. 피고인이 누범에 해당하거나 상습범인 죄를 범한 때
3. 피고인이 죄증을 인멸하거나 인멸할 염려가 있다고 믿을 만한 충분한 이유가 있는 때
4. 피고인이 도망하거나 도망할 염려가 있다고 믿을 만한 충분한 이유가 있는 때
5. 피고인의 주거가 분명하지 아니한 때
6. 피고인이 피해자, 당해 사건의 재판에 필요한 사실을 알고 있다고 인정되는 자 또는 그 친족의 생명·신체나 재산에 해를 가하거나 가할 염려가 있다고 믿을 만한 충분한 이유가 있는 때

제96조(임의적 보석) 법원은 제95조의 규정에 불구하고 상당한 이유가 있는 때에는 직권 또는 제94조에 규정한 자의 청구에 의하여 결정으로 보석을 허가할 수 있다.

제97조(보석, 구속의 취소와 검사의 의견)
① 재판장은 보석에 관한 결정을 하기 전에 검사의 의견을 물어야 한다.
② 구속의 취소에 관한 결정을 함에 있어서도 검사의 청구에 의하거나 급속을 요하는 경우 외에는 제1항과 같다.
③ 검사는 제1항 및 제2항에 따른 의견 요청에 대하여 지체 없이 의견을 표명하여야 한다.
④ 구속을 취소하는 결정에 대하여는 검사는 즉시항고를 할 수 있다.

제98조(보석의 조건) 법원은 보석을 허가하는 경우에는 필요하고 상당한 범위 안에서 다음 각 호의 조건 중 하나 이상의 조건을 정하여야 한다.
 1. 법원이 지정하는 일시·장소에 출석하고 증거를 인멸하지 아니하겠다는 서약서를 제출할 것
 2. 법원이 정하는 보증금에 해당하는 금액을 납입할 것을 약속하는 약정서를 제출할 것
 3. 법원이 지정하는 장소로 주거를 제한하고 주거를 변경할 필요가 있는 경우에는 법원의 허가를 받는 등 도주를 방지하기 위하여 행하는 조치를 받아들일 것
 4. 피해자, 당해 사건의 재판에 필요한 사실을 알고 있다고 인정되는 사람 또는 그 친족의 생명·신체·재산에 해를 가하는 행위를 하지 아니하고 주거·직장 등 그 주변에 접근하지 아니할 것
 5. 피고인 아닌 자가 작성한 출석보증서를 제출할 것

> 6. 법원의 허가 없이 외국으로 출국하지 아니할 것을 서약할 것
> 7. 법원이 지정하는 방법으로 피해자의 권리 회복에 필요한 금전을 공탁하거나 그에 상당하는 담보를 제공할 것
> 8. 피고인이나 법원이 지정하는 자가 보증금을 납입하거나 담보를 제공할 것
> 9. 그 밖에 피고인의 출석을 보증하기 위하여 법원이 정하는 적당한 조건을 이행할 것
>
> **제99조(보석조건의 결정 시 고려사항)**
> ① 법원은 제98조의 조건을 정할 때 다음 각 호의 사항을 고려하여야 한다.
>   1. 범죄의 성질 및 죄상(罪狀)
>   2. 증거의 증명력
>   3. 피고인의 전과(前科)·성격·환경 및 자산
>   4. 피해자에 대한 배상 등 범행 후의 정황에 관련된 사항
> ② 법원은 피고인의 자금능력 또는 자산 정도로는 이행할 수 없는 조건을 정할 수 없다.

구속된 의뢰인이 구속되어 재판을 받는 경우 피고인인 의뢰인이 불구속 재판을 받을 수 있는 방법은 구속기간이 만료되거나, 보석으로 인하여 석방되는 경우다. 전자의 경우는 매우 드물고, 피해자가 있는 사건에서 원만히 합의되어 처벌불원의사표시가 있는 경우에는 보석으로 석방되는 경우가 있다. 보석은 필요적보석과 임의적보석이 있는데, 구속사유의 대다수는 '도주 우려'이므로, 필요적보석이 받아들여지는 경우는 더욱 드물다. 따라서 실무상 임의적보석 청구를 주로 하게 된다. 한편 보석 청구가 인용(허가)되는 경우는 사건마다 다른데, 피고인이 보석으로 석방되는 것은 첫 공판 이전일 수도 있고, 선고기일 이전일 수도 있는 등 매우 다양하다.

[기재례]

보 석 허 가 청 구

사　　건　2022고합***　특수강도
피 고 인　윤 도 발
청 구 인　피고인의 변호인
　　　　　　 변호사 세 인 트 킴

서울북부지방법원 제**형사부 귀중

보 석 허 가 청 구

사　건　　2022고합***　　특수강도
피고인　　윤도발
청구인　　피고인의 변호인
　　　　　　 변호사 세 인 트 킴

위 사건에 관하여 피고인은 현재 서울구치소(수번: &&&&)에 구속 수감 중인 바, 피고인의 변호인은 다음과 같은 사유로 보석을 청구하오니 허가하여 주시기 바랍니다.

청 구 취 지

피고인 윤도발에 대한 보석을 허가한다.
보증금은 피고인의 형 윤수발[******-%%%%%%%, 주소지]이 제출하는 보석보증보험증권 첨부의 보증서로 갈음할 수 있다.
라는 결정을 구합니다.

청 구 이 유

1. 임의적 보석 허가 청구

가. 피고인이 저지른 죄가 비록 중죄이긴 하나, 피고인이 누범이거나 상습범인 죄를 범하지 아니하였고, 본안 사건에서 자백하고 있는 피고인이 죄증을 인멸하거나 인멸할 우려가 있다고 볼 수 없으며, 아울러 피해자에게 9,000만 원을 주고 합의한 상황에서 굳이 도망하거나 도망할 염려가 있다고 볼 수도 없고, 피고인의 주소 역시 분명하며, 피해자 등 제3자에게 가해를 가할 염려도 없다고 볼 것입니다.

나. 앞서 말씀드린 바와 같이, 피고인은 2023. 3. 6. 본 변호인 및 피해자 사선변호인을 통하여 피해자에게 9,000만 원을 지급하고 피해자와 원만히 합의하였고, 피해자는 피고인에 대한 처벌을 원치 않고 있습니다.

다. 피고인은 본 건 공소사실에 대하여 자백하고 있고, 깊이 반성하고 있으며, 특별한 전과 역시 없습니다.

라. 피고인의 가족들이 피고인을 선도하겠노라고 다짐하고 있습니다. 아울러 모친을 부양해야 하는 점도 참작하여 주시기 바랍니다.

2. 결론

피고인은 이 사건으로 인하여 수감생활을 하면서 법이 얼마나 무서운지 충분히 절감하였으리라 생각합니다. 기타 피고인의 정상을 참작하셔서 피고인이 불구속 상태에서 재판을 받을 수 있도록 석방의 은전을 베풀어 주시기를 간곡히 부탁드립니다.

첨 부 서 류

1. 합의서 사본 및 이체 내역	각 1부
2. 사죄문	1부
3. 탄원서	2부
4. 가족관계증명서	1부

2023.   4.
피고인의 변호인
변호사 세 인 트 킴

서울북부지방법원 제형사부 귀중**

제8장

변론 방향의 설정

변론 방향의 설정

사건이 기소되면, 가장 먼저 정해야 할 것은 변론 방향을 결정하는 것이다. 그리고 형사 변호사로서 평생 고민해야 할 것은 무죄를 다툴 것인지의 문제와 사건의 방향에 대하여 의뢰인과 견해가 다를 경우 변호사로서의 양심이다. 이 두 가지 문제에 정답은 없다. 이하 기술된 내용은 오로지 저자의 경험에만 근거한 것이므로, 적절히 참고하기를 바란다.

I. 무죄를 다툴 것인가, 선처를 받을 것인가

제1심

구분 내용		합계		합의		단독	
		구속	불구속	구속	불구속	구속	불구속
합계		18,986	214,504	4,401	13,562	14,585	200,942
판결계		18,318	200,330	4,243	12,659	14,075	187,671
형의선고	생명형	-	-	-	-	-	-
	자유형(실형)	14,584	49,995	3,446	5,105	11,138	44,890
	집행유예	3,433	76,045	732	5,485	2,701	70,560
	자격형	-	-	-	-	-	-
	재산형	177	60,083	11	981	166	59,102
	집행유예(재산형)	1	2,408	1	20	-	2,388
선고유예		3	1,604	-	83	3	1,521
무죄		109	6,981	51	921	58	6,060
형의면제·면소		2	339	-	42	2	297

관할위반	-	-	-	-	-	-
공소기각	9	2,875	2	22	7	2,853
결정계	668	14.174	158	903	510	13,271
공소시각결정	23	1,890	8	82	15	1.808
소년부송치	102	782	38	240	64	542
기타	543	44,502	112	581	431	10,921

※ 주: 무죄는 전부무죄를 의미함

항소심

내용			구분	합계		고등법원		지방법원	
				구속	불구속	구속	불구속	구속	불구속
		합계		26,338	42.117	4,928	3,878	21,410	38,239
자판결	파기	자판	형의선고	생명형	-	-	-	-	-	-
				자유형(실형)	7,364	3,424	1,552	542	5,812	2,882
				집행유예	3,435	4,078	637	546	2,798	3,532
				자격형	-	-	-	-	-	-
				재산형	336	4,011	19	183	317	3,828
				집행유예(재산형)	-	382	-	12	-	380
			선고유예	-	268	-	26	-	242
			무죄	106	1,017	27	117	79	900
			형의면제·면소	4	67	-	17	4	50
			공소기각	4	50	3	2	1	48
		환송		6	18	6	6	-	12
		이송		6	4	4	1	2	3
	항소기각	변론경유		13,808	24,192	2,560	2,206	11,248	21,986
		변론불경유		-	35	-	1	-	34
	계			25,069	37,556	4,808	3,659	20,261	33,897
소년부송치				11	9	9	4	2	5
항소취하				1,136	1,869	96	93	1,040	1,776
기타				122	2,683	15	122	107	2,561

상고심

구분 내용				합계		제1심 합의		제1심 단독		군사재판	
				구속	불구속	구속	불구속	구속	불구속	구속	불구속
합계				10,273	10,407	2,443	1,320	7,773	8,916	57	171
자판결	파기	자판	형의선고 생명형	-	-	-	-	-	-	-	-
			자유형(실형)	-	-	-	-	-	-	-	-
			집행유예	-	-	-	-	-	-	-	-
			자격형	-	-	-	-	-	-	-	-
			재산형	-	9	-	9	-	-	-	-
			집행유예(재산형)	-	-	-	-	-	-	-	-
			선고유예	-	-	-	-	-	-	-	-
			무죄	-	1	-	-	-	1	-	-
			형의면제·면소	-	2	-	-	-	2	-	-
			공소기각	-	3	-	2	-	1	-	-
			환송	86	259	20	46	64	208	2	5
			이송	1	-	-	-	-	-	1	-
		상고기각		1,592	3,358	965	786	601	2,475	26	97
		계		1,679	3,632	985	843	665	2,687	29	102
	상고취하			2,537	210	441	24	2,092	182	4	4
	기타			6,057	6,565	1,017	453	5,016	6,047	24	65

이상 출처: 사법연감 2021

사건 진행의 방향은 결국 공소장 및 증거기록을 통해 결정할 수밖에 없다. 항소심의 경우라면 공판기록 및 증거기록이 될 것이다. 그러나 사법연감 통계에서 볼 수 있듯이 1심이나 항소심에서 무죄를 선고받는 것은 높아 봐야 3%대라는 것을 알 수 있다. 특히 범행의 정도가 중한 경우, 이를테면 무죄가 선고되지 않는 경우 실형을 피할 수 없는 사건이라면 더욱 결정에 신중을 요한다고 하겠다.

한편, 수사단계까지 혐의를 부인하다가 공판단계에서 혐의를 인정하는 것이 괘씸죄에 해당하지 않겠냐는 의뢰인들의 질문이 많은 편이다. 그러나 법원의 관심은 '공소사실의 인부'에 있고, 피고인의 자백 시점이 양형 판단에 큰 영향을 미치는 것 같지는 않다. 반대로 수사단계까지 혐의를 자백하다가 공판단계에서 혐의를 부인하는 것도 가능하다.

Ⅱ. 의뢰인을 설득할 것인가, 의뢰인의 뜻에 따를 것인가

    공소장이나 증거기록, 공판기록 등을 확인한 이후 의뢰인에게 사건에 대한 견해를 솔직하게 말해 주는 것이 좋다. 다만, 장담은 금물이다. 변호인은 '조력자'에 불과하다.
    사건을 검토한 결과 변호인은 무죄 방향, 의뢰인은 선처 방향 혹은 변호인은 선처 방향, 의뢰인은 무죄 방향으로 의견이 일치하지 않을 때는 의뢰인의 선택이 우선인 것 같다.
    사건의 방향이 무죄이든 선처이든 목표를 달성하는 것은 어느 경우에나 어려움이 있으므로 이에 대한 분석결과를 의뢰인과 공유해 주는 것이 좋다.

제9장

공판사건의 처리1
:공소장 및 증거기록의 확보

공판사건의 처리1 : 공소장 및 증거기록의 확보

I. 공소장의 확보

> **형사소송법**
>
> **제266조(공소장부본의 송달)** 법원은 공소의 제기가 있는 때에는 지체 없이 공소장의 부본을 피고인 또는 변호인에게 송달하여야 한다. 단, 제1회 공판기일 전 5일까지 송달하여야 한다.
>
> **제266조의2(의견서의 제출)**
> ① 피고인 또는 변호인은 공소장 부본을 송달받은 날부터 7일 이내에 공소사실에 대한 인정 여부, 공판준비절차에 관한 의견 등을 기재한 의견서를 법원에 제출하여야 한다. 다만, 피고인이 진술을 거부하는 경우에는 그 취지를 기재한 의견서를 제출할 수 있다.
> ② 법원은 제1항의 의견서가 제출된 때에는 이를 검사에게 송부하여야 한다.

검사가 사건을 기소하면,[32] 법원은 공소장의 부본을 피고인 또는 변호인에게 송달한

---

32) 대법원 2003. 11. 14. 선고 2003도2735 판결은 "소송행위가 성립하기 위하여는 소송행위에 요구되는 소송법상의 정형을 충족하기 위한 본질적 개념요소를 구비하여야 할 것이고, 공소제기는 법원에 대하여 특정한 형사사건의 심판을 요구하는 검사의 법률행위적 소송행위로서 형사소송법 제254조 제1항은 공소를 제

다. 공소장에는 범죄사실과 죄명이 기재되어 있기 때문에, 공소장의 확인 없이는 공판절차에 나아갈 수 없다. 말 그대로 공소장은, 검사가 피고인을 어떠한 죄명으로 어떠한 법을 적용하여 법원에 피고인을 처벌해 달라는 내용을 담고 있기 때문이다.

한편, 형사소송법은 피고인 또는 변호인이 공소장 부본을 송달받은 날부터 7일 이내에 공소사실에 대한 의견서를 법원에 제출해야 한다고 규정하고 있으나, 이는 훈시규정일 뿐이다. 따라서 공소장과 증거기록을 확인한 경우라면 첫 기일에 의견서를 제출해도 무방하다.

II. 증거기록의 확보

> **형사소송법**
>
> **제266조의3(공소제기 후 검사가 보관하고 있는 서류 등의 열람·등사)**
> ① 피고인 또는 변호인은 검사에게 공소제기된 사건에 관한 서류 또는 물건(이하 "서류등"이라 한다)의 목록과 공소사실의 인정 또는 양형에 영향을 미칠 수 있는 다음 서류등의 열람·등사 또는 서면의 교부를 신청할 수 있다. 다만, 피고인에게 변호인이 있는 경우에는 피고인은 열람만을 신청할 수 있다.
> 1. 검사가 증거로 신청할 서류등

기함에는 공소장을 관할법원에 제출하여야 하도록 규정하고, 같은 조 제3항은 위 공소장에는 피고인의 성명 기타 피고인을 특정할 수 있는 사항, 죄명, 공소사실, 적용법조 등 일정한 사항을 기재하도록 하고 있는바, 형사소송법이 공소의 제기에 관하여 위와 같은 서면주의와 엄격한 요식행위를 채용한 것은 공소의 제기에 의해서 법원의 심판이 개시되므로, 심판을 구하는 대상(공소사실 및 피고인)을 명확하게 하고 피고인의 방어권을 보장하기 위한 것이라 할 것이다. 따라서 검사에 의한 공소장의 제출은 공소제기라는 소송행위가 성립하기 위한 본질적 요소라고 보아야 할 것이므로, 이러한 공소장의 제출이 없는 경우에는 소송행위로서의 공소제기가 성립되었다고 할 수 없다."고 보았다.

2. 검사가 증인으로 신청할 사람의 성명·사건과의 관계 등을 기재한 서면 또는 그 사람이 공판기일 전에 행한 진술을 기재한 서류등
3. 제1호 또는 제2호의 서면 또는 서류등의 증명력과 관련된 서류등
4. 피고인 또는 변호인이 행한 법률상·사실상 주장과 관련된 서류등(관련 형사재판확정기록, 불기소처분기록 등을 포함한다)

② 검사는 국가안보, 증인보호의 필요성, 증거인멸의 염려, 관련사건의 수사에 장애를 가져올 것으로 예상되는 구체적인 사유 등 열람·등사 또는 서면의 교부를 허용하지 아니할 상당한 이유가 있다고 인정하는 때에는 열람·등사 또는 서면의 교부를 거부하거나 그 범위를 제한할 수 있다.

③ 검사는 열람·등사 또는 서면의 교부를 거부하거나 그 범위를 제한하는 때에는 지체 없이 그 이유를 서면으로 통지하여야 한다.

④ 피고인 또는 변호인은 검사가 제1항의 신청을 받은 때부터 48시간 이내에 제3항의 통지를 하지 아니하는 때에는 제266조의4 제1항의 신청을 할 수 있다.

⑤ 검사는 제2항에도 불구하고 서류등의 목록에 대하여는 열람 또는 등사를 거부할 수 없다.

⑥ 제1항의 서류등은 도면·사진·녹음테이프·비디오테이프·컴퓨터용 디스크, 그 밖에 정보를 담기 위하여 만들어진 물건으로서 문서가 아닌 특수매체를 포함한다. 이 경우 특수매체에 대한 등사는 필요 최소한의 범위에 한한다.

제266조의4(법원의 열람·등사에 관한 결정)

① 피고인 또는 변호인은 검사가 서류등의 열람·등사 또는 서면의 교부를 거부하거나 그 범위를 제한한 때에는 법원에 그 서류등의 열람·등사 또는 서면의 교부를 허용하도록 할 것을 신청할 수 있다.

> ② 법원은 제1항의 신청이 있는 때에는 열람·등사 또는 서면의 교부를 허용하는 경우에 생길 폐해의 유형·정도, 피고인의 방어 또는 재판의 신속한 진행을 위한 필요성 및 해당 서류등의 중요성 등을 고려하여 검사에게 열람·등사 또는 서면의 교부를 허용할 것을 명할 수 있다. 이 경우 열람 또는 등사의 시기·방법을 지정하거나 조건·의무를 부과할 수 있다.
> ③ 법원은 제2항의 결정을 하는 때에는 검사에게 의견을 제시할 수 있는 기회를 부여하여야 한다.
> ④ 법원은 필요하다고 인정하는 때에는 검사에게 해당 서류등의 제시를 요구할 수 있고, 피고인이나 그 밖의 이해관계인을 심문할 수 있다.
> ⑤ 검사는 제2항의 열람·등사 또는 서면의 교부에 관한 법원의 결정을 지체 없이 이행하지 아니하는 때에는 해당 증인 및 서류등에 대한 증거신청을 할 수 없다.

검사의 피고인에 대한 유죄판결을 이끌어 내기 위한 입증계획은 여러 가지가 있겠으나, 결국 그 무기는 공소장 및 증거기록이다. 형사사건을 변호함에 있어서 공소장의 확인만으로는 법정에 나설 수 없다. 그리고 공소사실에 대한 의견(인정 또는 부인)을 진술하는 것 이외에 증거에 대한 의견도 밝혀야 하므로, 사전에 증거기록을 확인하는 것은 필수적인 과정이라고 하겠다.

변호인이 사전에 검사의 증거기록을 확보할 수 있는 법적 근거는 형사소송법 제266조의3이다. 해당 조문의 제목에서 알 수 있듯이, 공소제기 후 검사가 보관하고 있는 서류 등의 열람·등사이므로, 공소제기 전에는 증거기록에 대한 열람·등사가 불가함을 확인할 수 있다. 다만, 수사단계에서 고소장이나 피의자신문조서 등의 확보는 형사소송법이 아닌 공공기관의 정보공개에 관한 법률을 근거로 한다. 그리고 형사소송법 제35조의 서류·증거물의 열람·복사는 이미 '사건이 법원에 계속 중'에 관계 서류 또는 증거물을 열람하거나 복사할 수 있는 규정이라는 점에 차이가 있으므로 주의를 요한다. 특히 유의해야 할 점은, 피고인에게 변호인이 선정된 경우에는 오로지 '열람'

만 된다는 점이다(제266조의3 제1항 단서). 따라서 해당 기록을 확보한 경우라면 의뢰인에게 기록을 공유해 주는 것이 좋다. 혹은 수사단계에서 변호인을 선임하였다가 기소 이후 사임하게 된 경우라면, 사임계를 빨리 제출해야 종전의 의뢰인이 기록을 등사하여 볼 수 있다.

하지만 모든 증거기록이 확보되지는 않는다. 즉, 동법 제266조의3 제2항에 따라 검사가 사건의 기록에 대하여 열람·등사 또는 서면의 교부를 거부하거나 그 범위를 제한할 수 있기 때문이다. 검사가 그 범위를 제한하더라도 변호인이 실제로 그 기록을 열람하는 것은 실무상 제한은 없다. 그리고 검사가 열람·등사 또는 서면의 교부를 거부하거나 그 범위를 제한하는 때에는 지체 없이 그 이유를 서면으로 통지하여야 하는데, 피고인 또는 변호인은 검사가 사건 기록의 열람·등사 신청을 받은 때로부터 48시간 이내에 범위 제한의 통지를 서면을 하지 않는다면 그 서류등의 열람·등사 또는 서면의 교부를 허용하도록 할 것을 신청할 수 있다(동법 제266조의3 제3항, 제266조의4 제1항).[33] 법원은 검사에게 열람·등사 또는 서면의 교부를 허용할 것을 명할 수 있으

---

33) 형사소송법 제272조 제1항은 "법원은 직권 또는 검사, 피고인이나 변호인의 신청에 의하여 공무소 또는 공사단체에 조회하여 필요한 사항의 보고 또는 그 보관서류의 송부를 요구할 수 있다."고 규정하고 있다. 한편 형사소송규칙 제132조의4에 의하면, 법원이 보관서류 송부요구신청을 채택하는 경우에는 그 서류를 보관하고 있는 법원, 검찰청, 기타의 공무소 또는 공사단체에 대하여 그 서류 중 신청인 또는 변호인이 지정하는 부분의 인증등본을 송부하여 줄 것을 요구할 수 있고(제2항), 위와 같은 요구를 받은 공무소 등은 당해 서류를 보관하고 있지 아니하거나 기타 송부요구에 응할 수 없는 사정이 있는 경우를 제외하고는 신청인 또는 변호인에게 당해 서류를 열람하게 하여 필요한 부분을 지정할 수 있도록 하여야 하며 정당한 이유 없이 이에 대한 협력을 거절하지 못한다(제3항).
위와 같이 법원이 송부요구한 서류에 대하여 변호인 등이 열람·지정할 수 있도록 한 것은 피고인의 방어권과 변호인의 변론권 행사를 위한 것으로서 실질적인 당사자 대등을 확보하고 피고인의 신속·공정한 재판을 받을 권리를 실현하기 위한 것이다. 따라서 그 서류의 열람·지정을 거절할 수 있는 '정당한 이유'는 엄격하게 제한하여 해석할 것이다. 특히 그 서류가 관련 형사재판확정기록이나 불기소처분기록 등으로서 피고인 또는 변호인이 행한 법률상·사실상 주장과 관련된 것인 때에는, "국가안보, 증인보호의 필요성, 증거인멸의 염려, 관련사건의 수사에 장애를 가져올 것으로 예상되는 구체적인 사유"에 준하는 사유가 있어야만 그에 대한 열람·지정을 거절할 수 있는 정당한 이유가 인정될 수 있다고 할 것이다(형사소송법 제266조의3 제1항 제4호, 제2항 참조).
한편 검찰청이 보관하고 있는 불기소처분기록에 포함된 불기소결정서는 형사피의자에 대한 수사의 종결을 위한 검사의 처분 결과와 이유를 기재한 서류로서 그 작성 목적이나 성격 등에 비추어 이는 수사기관 내부의 의사결정과정 또는 검토과정에 있는 사항에 관한 문서도 아니고 그 공개로써 수사에 관한 직무의 수행을 현저하게 곤란하게 하는 것도 아니라 할 것이므로, 달리 특별한 사정이 없는 한 변호인의 열람·지정에 의한 공

나, 위와 같은 규정이 있음에도 불구하고 실제로 잘 쓰이지는 않는다. 그것은 법원도 위와 같은 규정이 있는지 잘 모르기 때문이다.

III. 기타

> **형사소송법**
>
> **제270조(공판기일의 변경)**
> ① 재판장은 직권 또는 검사, 피고인이나 변호인의 신청에 의하여 공판기일을 변경할 수 있다.
> ② 공판기일 변경신청을 기각한 명령은 송달하지 아니한다.
>
> **제274조(당사자의 공판기일 전의 증거제출)** 검사, 피고인 또는 변호인은 공판기일 전에 서류나 물건을 증거로 법원에 제출할 수 있다.

법원은 공판기일을 지정하고(제267조 제1항), 피고인을 소환하며(제2항), 이를 통지한다(제3항). 즉, 당사자인 피고인은 변호인과 함께 공판기일에 출석하여야 하는데, 공소장이 확보되지 않았거나 공소장이 확보되었더라도 증거기록을 충분히 검토하

개의 대상이 된다고 할 것이다.
그리고 법원이 형사소송법 제272조 제1항에 의하여 송부요구한 서류가 피고인의 무죄를 뒷받침할 수 있거나 적어도 법관의 유·무죄에 대한 심증을 달리할 만한 상당한 가능성이 있는 중요증거에 해당하는 데도 정당한 이유 없이 피고인 또는 변호인의 열람·지정 내지 법원의 송부요구를 거절하는 것은, 피고인의 신속·공정한 재판을 받을 권리와 변호인의 조력을 받을 권리를 중대하게 침해하는 것이다. 따라서 이러한 경우 서류의 송부요구를 한 법원으로서도 해당 서류의 내용을 가능한 범위에서 밝혀보아 그 서류가 제출되면 유·무죄의 판단에 영향을 미칠 상당한 개연성이 있다고 인정될 경우에는 공소사실이 합리적 의심의 여지없이 증명되었다고 보아서는 아니 된다(대법원 2012. 5. 24. 선고 2012도1284 판결).

지 못하는 경우가 있다. 그럴 때는 법원에 공판기일의 변경을 신청하면 된다. 신청서에는 공판기일의 변경을 신청하는 사유를 설명하는 정도로 족하다. 다만, 공판기일의 변경 여부는 법원의 재량 사항이므로 1회를 초과하는 변경신청은 아주 특별한 사정이 생기는 경우가 아닌 이상 자제한다.

법정에 출석하여, 공소사실에 대한 인부 및 증거에 대한 의견을 제시하는 것을 '보류'할 수도 있다. 그러나 사전에 기일이 연기되어 연기된 기일에 그 의견을 밝히는 것이나, 법정에 출석하여 추후 의견을 밝히겠다고 하고 속행된 기일에 그 의견을 밝히는 것이나 시간이나 법적 효과는 다르지 않으므로 주의를 요한다.

제10장

공판사건의 처리2
:의견서 및 증거의견서의 작성

공판사건의 처리2 : 의견서 및 증거의견서의 작성

공소장과 사건 기록을 확인하였다면, 변호인의견서와 증거의견서를 준비해야 한다. 변호인의견서와 증거의견서는 따로 내도 되고, 증거에 대한 의견을 변호인의견서에 삽입하여 하나의 의견서로 제출해도 상관없다. 의견서의 제출은 공소장을 받은 날로부터 반드시 7일 이전에 제출하여야 하는 것은 아니지만, 그래도 최소한 첫 공판일 전에 내주는 것이 좋다. 준비가 늦었다면, 첫 공판에서 제출해도 무방하다.

Ⅰ. 개관: 공판절차의 확인

공소장 및 사건 기록을 보는 것은 법정 외에서 이루어진다. 재판은 공판기일이 지정됨에 따라서 진행되는데, 공판이 시간 순으로 어떻게 진행되는지 대략 살펴볼 필요가 있다.

1. 피고인의 진술거부권 고지 및 인정신문

재판장이 사건번호와 피고인을 호명함으로써 재판이 시작된다. 재판장은 "진술하지 아니하거나 개개의 질문에 대하여 진술을 거부할 수 있다."는 사실을 고지하고(형사소송법 제283조의2), 피고인의 성명, 연령, 등록기준지, 주거와 직업을 물어서 피고인임에 틀림없음을 확인한다(제284조).

2. 검사의 모두진술

이어, 검사는 공소장에 의하여 공소사실·죄명 및 적용법조를 낭독하고, 다만 재판장은 필요하다고 인정하는 때에는 검사에게 공소의 요지를 진술하게 할 수 있다(이상 제285조). 따라서 재판장은 검사에게 '공소의 요지를 진술하라'는 식의 진행이 많다.

3. 피고인의 모두진술

검사의 공소사실 등의 낭독이 있은 이후 공소사실의 인정 여부를 진술한다(제286조 제1항). 변호인이 공소사실의 인정 여부에 대하여 진술하면, 법원은 통상적으로 피고인에게 변호인의 의사와 일치하는지 확인한다. 동시에 피고인 및 변호인은 이익이 되는 사실 등을 진술할 수 있다(제2항).

앞서도 언급했듯이, 법정에서 공소사실의 인정 여부에 대하여 진술하여야 하므로, 사건의 방향을 결정하는 것은 중요하다. 특히, 공소사실에 대해서는 인정하거나, 부인할 수밖에 없다는 점을 분명히 인지하고 있어야 한다. 즉, 공소사실에 대한 의견은 인정하거나 부인하거나 둘 중 하나밖에 없다. 물론, 공소사실에 대한 의견을 보류할 수는 있지만, 공소사실에 대한 의견을 보류하여 차회 기일이 진행될 경우에도 똑같이 '보류'할 수는 없는 것이다. 그리고 공소사실을 부인할 경우에는, 부인하는 취지에 대하여 간략히 설명해 주는 것이 좋다. 예를 들면, "피고인은 그와 같은 행위를 한 사실이 없다는 취지에서 공소사실을 부인합니다."라든가 "피고인이 그와 같은 행위를 한 사실은 있지만 범의(고의)는 없었다는 취지에서 공소사실을 부인합니다."라고 하는 것이다. 즉, 변호인이 직접 공소사실에 대한 쟁점을 잡아 주는 것이다.

공소사실을 부인하여 증인신문까지 다 마쳐진 이후에 종전의 입장을 바꿀 수는 있어도(翻意), 그 중간의 의견진술은 불가능하다는 것을 유의할 필요가 있다. 즉, "증인을 불러 보고 이에 대하여 진술하겠다."라거나 "공소사실을 인정하는데 조금 과장된 측면은 있다."라는 등의 의견 제시는 지양할 필요가 있다.

4. 재판장의 쟁점정리

인정하는 사건이라면 재판장이 굳이 쟁점정리를 할 필요는 없고, 부인하는 사건에서 재판장이 피고인의 모두진술이 끝난 다음에 피고인 또는 변호인에게 쟁점의 정리를 위하여 필요한 질문을 하는 경우가 있다(제287조 제1항). 변호인의견서나 모두절차 등을 통해서 쟁점이 정리되는 경우에도 법원이 쟁점정리를 하는 경우는 드물다.

5. 증거신청 및 증거에 대한 의견진술

증거조사를 하기에 앞서 검사 및 변호인으로 하여금 공소사실 등의 증명과 관련된 주장 및 입증계획 등을 진술하게 할 수 있으나, 증거로 할 수 없거나 증거로 신청할 의사가 없는 자료에 기초하여 법원에 사건에 대한 예단 또는 편견을 발생하게 할 염려가 있는 사항은 진술할 수 없다(제2항).

이와 관련해서 검사, 피고인 또는 변호인은 서류나 물건을 증거로 제출할 수 있고, 증인·감정인·통역인 또는 번역인의 신문을 신청할 수 있는데(제294조 제1항), 통상적으로 재판장이 검사에게 '증거신청을 하라'는 취지로 우선 진행한다. 검사의 증거신청은 '증거목록'의 제시로 이루어지며, 검사가 증거목록을 제시하면 변호인은 이에 대한 '증거에 대한 의견'을 밝히게 된다.

6. 증거조사

증거에 대한 의견을 밝힌 이후 증거조사가 이루어지는데, 법원은 검사가 신청한 증거를 조사한 후 피고인 또는 변호인이 신청한 증거를 조사하고(제291조의2 제1항), 그것이 증거서류일 경우에는 신청인이 이를 낭독하는 형식으로 하며(제292조 제1항), 그것이 증거물이라면 이를 제시하는 방식으로 이루어진다(제292조의2 제1항).

이러한 증거조사는 반드시 쟁점정리나 증거관계 등에 대한 진술 이후 이루어진다(제290조). 증거조사가 마쳐지면, 재판장은 피고인에게 각 증거조사의 결과에 대한 의견을 묻고 권리를 보호함에 필요한 증거조사를 신청할 수 있음을 고지하여야 한다(제293조).

7. 피고인신문

검사 또는 변호인은 증거조사 종료 후에 순차로 피고인에게 공소사실 및 정상에 관하여 필요한 사항을 신문할 수 있다. 다만, 재판장은 필요하다고 인정하는 때에는 증거조사가 완료되기 전이라도 이를 허가할 수 있다(제296조의2 제1항). 검사 또는 변호인의 신청 없이 재판장 직권으로도 가능하다(제2항). 특별한 사정이 없는 한 피고인신문을 생략한다.

한편, 변호인의 피고인신문권은 변호인의 소송법상 권리이다. 재판장은 검사 또는 변호인이 항소심에서 피고인신문을 실시하는 경우 제1심의 피고인신문과 중복되거나 항소이유의 당부를 판단하는 데 필요 없다고 인정하는 때에는 그 신문의 전부 또는 일부를 제한할 수 있으나(형사소송규칙 제156조의6 제2항) 변호인의 본질적 권리를 해할 수는 없다(형사소송법 제370조, 제299조 참조). 따라서 재판장은 변호인이 피고인을 신문하겠다는 의사를 표시한 때에는 피고인을 신문할 수 있도록 조치하여야 하고, 변호인이 피고인을 신문하겠다는 의사를 표시하였음에도 변호인에게 일체의 피고인신문을 허용하지 않은 것은 변호인의 피고인신문권에 관한 본질적 권리를 해하는 것으로서 소송절차의 법령위반에 해당한다.[34]

8. 구형 및 최후변론과 최후진술

피고인신문 및 증거조사가 종료되면, 검사는 사실과 법률적용에 관한 의견을 진술하는데 이것이 바로 구형이다(제302조 전단). 검사의 구형 이후에는 변호인이 의견을 진술하고(최후변론), 마지막으로 피고인이 진술한다(최후진술, 제303조).

9. 판결의 선고

판결의 선고는 변론을 종결한 기일에 하여야 하는 것이 원칙이나(제318조의4 제1항 전단), 실무상 결심하고 2주 혹은 4주 뒤에 이루어진다.

II. 변호인의견서의 작성

변호인의견서에 들어갈 내용이 정해진 것은 아니지만, 최소한 들어가야 할 내용은 있다. 바로 공소사실에 대한 인부다.

공소사실에 대한 인부는 결국 공소사실에 대하여 인정하는지 부인하는지에 대한 내용이다. 앞서 언급한 것처럼 공소사실을 부인하는 경우라면 부인하는 취지에 대하여

---

34) 대법원 2020. 12. 24. 선고 2020도10778 판결.

설명하는 것이 좋다. 다만, 장황하게 적지 않고 쟁점이 드러나게 적어야 한다.

공소사실을 부인하는 경우는 크게 두 가지로 나눠 볼 수 있다. 첫째, 그와 같은 행위가 없었다는 것과 둘째, 그와 같은 행위에 대한 평가의 문제다. 전자는 사실인정의 영역이고 후자는 법리(해석)의 영역이다.

공소사실을 부인하는 이유에 대하여 미리 자세하게 설명하는지는 변호인의 재량이다. 즉, 사실관계나 법리를 상세히 적어 미리 법원을 설득하는 작업을 할 수도 있고, 쟁점만 드러내는 것도 가능하다. 사실인정이 쟁점이 될 경우 사건의 경위만을 구체적으로 나열할 수도 있다. 즉, 정답은 없으며 변호인이 공소장과 기록을 보고 사건을 어떻게 전개해 나갈지 구성해야 한다.

이외에도 공소사실에 대하여 다툼이 있는 경우 입증방법에 대하여도 미리 의견을 내는 것이 좋다. 검사가 제출한 증거와 관련한 검사의 증인 신청 이외에도(이는 당연히 검찰 측 증인이다), 피고인 측의 증인이 있을 수 있으며, 피고인신문이나 사실조회나 문서제출명령 등을 종합적으로 고려하여 그에 대한 입증계획을 밝혀 주는 것이다.

공소사실에 대하여 인정하는 취지의 의견서를 제출하였으나, 추후 무죄가 선고되는 것을 떠나서 입증의 계획이 변동되었다면 첫 공판기일에서 종전 의견서의 제출을 철회하고 다른 의견을 제시하는 것도 불가능하지는 않다.

III. 증거의견서의 작성

1. 증거법

변호인은 증거에 대한 의견을 진술할 수 있어야 한다. 선행되어야 할 것은, 증거법에 대한 이해다.

증거에 대한 의견은, 결국 검사가 제출한 각 증거에 대하여 '증거능력'이 있는지 여부에 대한 것이다. 증거능력이 있다면 증거조사의 대상이 되며, 증거능력이 없다면 검사의 증거신청이 기각되어 증거조사의 대상이 되지 않는다. 즉, 증거능력이라 함은, 검사가 제출한 증거를 법원이 볼 수 있느냐의 문제인 것이다. 그 증거를 믿을 수 있느냐의 문제는 '증명력'에 관한 것으로 증거능력과는 결을 달리한다. 다만, 변호인으로서는 법원에 증명력에 대한 고민을 안겨 주기 전에, 증거능력이 없다는 의견을 먼저 피력함으로써 선제적 방어권 행사를 가능하게 하는 것이다. 반대로 검사는 증인신문 등을 통해 자신이 신청한 증거에 대하여 증거능력을 부여하게 할 것이다.

본서는 실무서이므로 증거법에 대한 자세한 내용은 생략하고, 형사변호실무와 관계된 중요 내용만 확인한다.

가. 증거재판주의

형사소송법

제307조(증거재판주의)
① 사실의 인정은 증거에 의하여야 한다.
② 범죄사실의 인정은 합리적인 의심이 없는 정도의 증명에 이르러야 한다.

헌법은 제12조 제1항 후문에서 적법절차의 원칙을 천명하고, 제27조에서 재판받을 권리를 보장하고 있다. 형사소송법은 이를 실질적으로 구현하기 위하여, 피고사건에 대한 실체심리가 공개된 법정에서 검사와 피고인 양 당사자의 공격·방어활동에 의하여 행해져야 한다는 당사자주의와 공판중심주의 원칙, 공소사실의 인정은 법관의 면전에서 직접 조사한 증거만을 기초로 해야 한다는 직접심리주의와 증거재판주의 원칙을 기본원칙으로 채택하고 있다.[35]

형사소송법은 증거재판주의와 자유심증주의를 기본원칙으로 하면서, 범죄사실의 인

---

35) 대법원 2019. 11. 28. 선고 2013도6825 판결.

정은 증거에 의하되 증거의 증명력은 법관의 자유판단에 의하도록 하고 있다. 그러나 이는 그것이 실체적 진실발견에 적합하기 때문이지 법관의 자의적인 판단을 인용한다는 것은 아니므로, 비록 사실의 인정이 사실심의 전권이라 하더라도 범죄사실이 인정되는지 여부는 논리와 경험법칙에 따라야 하고, 충분한 증명력이 있는 증거를 합리적 이유 없이 배척하거나 반대로 객관적인 사실에 명백히 반하는 증거를 근거 없이 채택·사용하는 것은 자유심증주의의 한계를 벗어나는 것으로서 법률 위반에 해당한다.[36]

한편, 민사재판에서 법원은 당사자 사이에 다툼이 있는 사실관계에 대하여 처분권주의와 변론주의, 그리고 자유심증주의의 원칙에 따라 신빙성이 있다고 보이는 당사자의 주장과 증거를 받아들여 사실을 인정하는 것이어서, 민사판결의 사실인정이 항상 진실한 사실에 해당한다고 단정할 수는 없다.[37]

그리고 사실인정의 전제로 이루어지는 증거의 취사선택과 증명력에 대한 판단은 자유심증주의의 한계를 벗어나지 않는 한 사실심법원의 재량에 속한다(형사소송법 제308조). 인접한 시기에 같은 피해자를 상대로 저질러진 동종 범죄라도 각각의 범죄에 따라 범행의 구체적인 경위, 피해자와 피고인 사이의 관계, 피해자를 비롯한 관련 당사자의 진술 등이 다를 수 있다. 따라서 사실심법원은 인접한 시기에 같은 피해자를 상대로 저질러진 동종 범죄에 대해서도 각각의 범죄에 따라 피해자 진술의 신빙성이나 그 신빙성 유무를 기초로 한 범죄 성립 여부를 달리 판단할 수 있고, 이것이 실체적 진실발견과 인권보장이라는 형사소송의 이념에 부합한다.[38]

나. 위법수집증거배제법칙

> **형사소송법**
>
> **제308조의2(위법수집증거의 배제)** 적법한 절차에 따르지 아니하고 수집한 증거는 증거로 할 수 없다.

---

36) 대법원 2016. 10. 13. 선고 2015도17869 판결.
37) 대법원 2017. 12. 5. 선고 2017도15628 판결.
38) 대법원 2022. 3. 31. 선고 2018도19472, 2018전도126 판결.

형사소송법 제308조의2는 "적법한 절차에 따르지 아니하고 수집한 증거는 증거로 할 수 없다."고 정하고 있다. 이는 위법한 압수·수색을 비롯한 수사 과정의 위법행위를 억제하고 재발을 방지함으로써 국민의 기본적 인권 보장이라는 헌법 이념을 실현하고자 위법수집증거 배제 원칙을 명시한 것이다. 헌법 제12조는 기본적 인권을 보장하기 위하여 압수·수색에 관한 적법절차와 영장주의 원칙을 선언하고 있고, 형사소송법은 이를 이어받아 실체적 진실 규명과 개인의 권리보호 이념을 조화롭게 실현할 수 있도록 압수·수색절차에 관한 구체적 기준을 마련하고 있다. 이러한 헌법과 형사소송법의 규범력을 확고하게 유지하고 수사 과정의 위법행위를 억제할 필요가 있으므로, 적법한 절차에 따르지 않고 수집한 증거는 물론 이를 기초로 하여 획득한 2차적 증거 또한 기본적 인권 보장을 위해 마련된 적법한 절차에 따르지 않고 확보한 것으로서 원칙적으로 유죄 인정의 증거로 삼을 수 없다고 보아야 한다.

그러나 법률에 정해진 절차에 따르지 않고 수집한 증거라는 이유만을 내세워 획일적으로 증거능력을 부정하는 것은 헌법과 형사소송법의 목적에 맞지 않는다. 실체적 진실 규명을 통한 정당한 형벌권의 실현도 헌법과 형사소송법이 형사소송절차를 통하여 달성하려는 중요한 목표이자 이념이기 때문이다. 수사기관의 절차 위반행위가 적법절차의 실질적인 내용을 침해하는 경우에 해당하지 않고, 오히려 증거능력을 배제하는 것이 헌법과 형사소송법이 형사소송에 관한 절차 조항을 마련하여 적법절차의 원칙과 실체적 진실 규명의 조화를 도모하고 이를 통하여 형사 사법 정의를 실현하려 한 취지에 반하는 결과를 초래하는 것으로 평가되는 예외적인 경우라면, 법원은 그 증거를 유죄 인정의 증거로 사용할 수 있다고 보아야 한다.

이에 해당하는지는 수사기관의 증거 수집 과정에서 이루어진 절차 위반행위와 관련된 모든 사정, 즉 절차 조항의 취지, 위반 내용과 정도, 구체적인 위반 경위와 회피가능성, 절차 조항이 보호하고자 하는 권리나 법익의 성질과 침해 정도, 이러한 권리나 법익과 피고인 사이의 관련성, 절차 위반행위와 증거 수집 사이의 관련성, 수사기관의 인식과 의도 등을 전체적·종합적으로 고찰하여 판단해야 한다.

이러한 법리는 적법한 절차에 따르지 않고 수집한 증거를 기초로 하여 획득한 2차적 증거에 대해서도 마찬가지로 적용되므로, 절차에 따르지 않은 증거 수집과 2차적 증거 수집 사이 인과관계의 희석이나 단절 여부를 중심으로 2차적 증거 수집과 관련된 모든 사정을 전체적·종합적으로 고려하여 예외적인 경우에는 유죄 인정의 증거로 사용할 수 있다.[39]

이외에도 형사소송법 제219조, 제121조는 "수사기관이 압수·수색영장을 집행할 때에는 피압수자 또는 변호인은 그 집행에 참여할 수 있다."고 정하고 있다. 저장매체에 대한 압수·수색 과정에서 범위를 정하여 출력·복제하는 방법이 불가능하거나 압수의 목적을 달성하기에 현저히 곤란한 예외적인 사정이 인정되어 전자정보가 담긴 저장매체, 하드카피나 이미징(imaging) 등 형태(이하 '복제본'이라 한다)를 수사기관 사무실 등으로 옮겨 복제·탐색·출력하는 경우에도 피압수자나 변호인에게 참여 기회를 보장하고 혐의사실과 무관한 전자정보의 임의적인 복제 등을 막기 위한 적절한 조치를 취하는 등 영장주의 원칙과 적법절차를 준수하여야 한다. 만일 그러한 조치를 취하지 않았다면 압수·수색이 적법하다고 평가할 수 없다.

다만 피압수자 측이 위와 같은 절차나 과정에 참여하지 않는다는 의사를 명시적으로 표시하였거나 절차 위반행위가 이루어진 과정의 성질과 내용 등에 비추어 피압수자에게 절차 참여를 보장한 취지가 실질적으로 침해되었다고 볼 수 없는 경우에는 압수·수색의 적법성을 부정할 수 없다. 이는 수사기관이 저장매체 또는 복제본에서 혐의사실과 관련된 전자정보만을 복제·출력한 경우에도 마찬가지이다.[40]

다. 자백

> **형사소송법**
>
> **제309조(강제등 자백의 증거능력)** 피고인의 자백이 고문, 폭행, 협박, 신체구속의 부당한 장기화 또는 기망 기타의 방법으로 임의로 진술한 것이 아니라고 의심할 만한 이유가 있는 때에는 이를 유죄의 증거로 하지 못한다.

---

39) 대법원 2020. 11. 26. 선고 2020도10729 판결.
40) 대법원 2019. 7. 11. 선고 2018도20504 판결.

> **제310조(불이익한 자백의 증거능력)** 피고인의 자백이 그 피고인에게 불이익한 유일의 증거인 때에는 이를 유죄의 증거로 하지 못한다.

피고인이 피의자신문조서에 기재된 피고인 진술의 임의성을 다투면서 그것이 허위자백이라고 주장하는 경우, 법원은 구체적인 사건에 따라 피고인의 학력, 경력, 직업, 사회적 지위, 지능 정도, 진술의 내용, 피의자신문조서의 경우 그 조서의 형식 등 제반 사정을 참작하여 자유로운 심증으로 위 진술이 임의로 된 것인지의 여부를 판단하되, 자백의 진술 내용 자체가 객관적인 합리성을 띠고 있는가, 자백의 동기나 이유 및 자백에 이르게 된 경위는 어떠한가, 자백 외의 정황증거 중 자백과 저촉되거나 모순되는 것이 없는가 하는 점 등을 고려하여 그 신빙성 유무를 판단하여야 한다.[41] 나아가 피고인이 수사기관에서부터 공판기일에 이르기까지 일관되게 범행을 자백하다가 어느 공판기일부터 갑자기 자백을 번복한 경우에는, 사백 진술의 신빙성 유무를 살피는 외에도 자백을 번복하게 된 동기나 이유 및 경위 등과 함께 수사기관 이래의 진술 경과와 진술의 내용 등에 비추어 번복 진술이 납득할 만한 것이고 이를 뒷받침할 증거가 있는지 등을 살펴보아야 한다.[42]

피고인이 검사 이전의 수사기관에서 고문 등 가혹행위로 인하여 임의성 없는 자백을 하고 그 후 검사의 조사단계에서도 임의성 없는 심리상태가 계속되어 동일한 내용의 자백을 하였다면 검사의 조사단계에서 고문 등 자백의 강요행위가 없었다고 하여도 검사 앞에서의 자백도 임의성 없는 자백이라고 보아야 한다.[43] 임의성 없는 자백의 증거능력을 부정하는 취지가 허위진술을 유발 또는 강요할 위험성이 있는 상태하에서 행하여진 자백은 그 자체로 실체적 진실에 부합하지 아니하여 오판의 소지가 있을 뿐만 아니라 그 진위 여부를 떠나서 자백을 얻기 위하여 피의자의 기본적 인권을 침해하는 위법 부당한 압박이 가하여지는 것을 사전에 막기 위한 것이므로 그 임의성에 다

---

41) 대법원 1999. 11. 12. 선고 99도3801 판결.
42) 대법원 2016. 10. 13. 선고 2015도17869 판결.
43) 대법원 2011. 10. 27. 선고 2009도1603 판결.

툼이 있을 때에는 그 임의성을 의심할 만한 합리적이고, 구체적인 사실을 피고인이 입증할 것이 아니고 검사가 그 임의성의 의문점을 해소하는 입증을 하여야 할 것이다.[44]

한편, 상법장부나 항해일지, 진료일지 또는 이와 유사한 금전출납부 등과 같이 범죄사실의 인정 여부와는 관계없이 자기에게 맡겨진 사무를 처리한 사무 내역을 그때그때 계속적, 기계적으로 기재한 문서 등의 경우는 사무처리 내역을 증명하기 위하여 존재하는 문서로서 그 존재 자체 및 기재가 그러한 내용의 사무가 처리되었음의 여부를 판단할 수 있는 별개의 독립된 증거자료이고, 설사 그 문서가 우연히 피고인이 작성하였고 그 문서의 내용 중 피고인의 범죄사실의 존재를 추론해 낼 수 있는, 즉 공소사실에 일부 부합되는 사실의 기재가 있다고 하더라도, 이를 일컬어 피고인이 범죄사실을 자백하는 문서라고 볼 수는 없다.[45]

그리고 자백에 대한 보강증거는 범죄사실의 전부 또는 중요 부분을 인정할 수 있는 정도가 되지 않더라도 피고인의 자백이 가공적인 것이 아닌 진실한 것임을 인정할 수 있는 정도만 되면 충분하다. 직접증거가 아닌 간접증거나 정황증거도 보강증거가 될 수 있고, 또한 자백과 보강증거가 서로 어울려서 전체로서 범죄사실을 인정할 수 있으면 유죄의 증거로 충분하다.[46]

라. 전문법칙

> **형사소송법**
>
> **제310조의2(전문증거와 증거능력의 제한)** 제311조 내지 제316조에 규정한 것 이외에는 공판준비 또는 공판기일에서의 진술에 대신하여 진술을 기재한 서류나 공판준비 또는 공판기일 외에서의 타인의 진술을 내용으로 하는 진술은 이를 증거로 할 수 없다.

---

44) 대법원 1998. 4. 10. 선고 97도3234 판결.
45) 대법원 1996. 10. 17. 선고 94도2865 전원합의체 판결.
46) 대법원 2017. 12. 28. 선고 2017도17628 판결.

제311조(법원 또는 법관의 조서) 공판준비 또는 공판기일에 피고인이나 피고인 아닌 자의 진술을 기재한 조서와 법원 또는 법관의 검증의 결과를 기재한 조서는 증거로 할 수 있다. 제184조 및 제221조의2의 규정에 의하여 작성한 조서도 또한 같다.

제312조(검사 또는 사법경찰관의 조서 등)
① 검사가 작성한 피의자신문조서는 적법한 절차와 방식에 따라 작성된 것으로서 공판준비, 공판기일에 그 피의자였던 피고인 또는 변호인이 그 내용을 인정할 때에 한정하여 증거로 할 수 있다.
② 삭제
③ 검사 이외의 수사기관이 작성한 피의자신문조서는 적법한 절차와 방식에 따라 작성된 것으로서 공판준비 또는 공판기일에 그 피의자였던 피고인 또는 변호인이 그 내용을 인정할 때에 한하여 증거로 할 수 있다.
④ 검사 또는 사법경찰관이 피고인이 아닌 자의 진술을 기재한 조서는 적법한 절차와 방식에 따라 작성된 것으로서 그 조서가 검사 또는 사법경찰관 앞에서 진술한 내용과 동일하게 기재되어 있음이 원진술자의 공판준비 또는 공판기일에서의 진술이나 영상녹화물 또는 그 밖의 객관적인 방법에 의하여 증명되고, 피고인 또는 변호인이 공판준비 또는 공판기일에 그 기재 내용에 관하여 원진술자를 신문할 수 있었던 때에는 증거로 할 수 있다. 다만, 그 조서에 기재된 진술이 특히 신빙할 수 있는 상태하에서 행하여졌음이 증명된 때에 한한다.
⑤ 제1항부터 제4항까지의 규정은 피고인 또는 피고인이 아닌 자가 수사과정에서 작성한 진술서에 관하여 준용한다.
⑥ 검사 또는 사법경찰관이 검증의 결과를 기재한 조서는 적법한 절차와 방식에 따라 작성된 것으로서 공판준비 또는 공판기일에서의 작성자의 진술에 따라 그 성립의 진정함이 증명된 때에는 증거로 할 수 있다.

제313조(진술서등)

① 전2조의 규정 이외에 피고인 또는 피고인이 아닌 자가 작성한 진술서나 그 진술을 기재한 서류로서 그 작성자 또는 진술자의 자필이거나 그 서명 또는 날인이 있는 것(피고인 또는 피고인 아닌 자가 작성하였거나 진술한 내용이 포함된 문자·사진·영상 등의 정보로서 컴퓨터용 디스크, 그 밖에 이와 비슷한 정보저장매체에 저장된 것을 포함한다. 이하 이 조에서 같다)은 공판준비나 공판기일에서의 그 작성자 또는 진술자의 진술에 의하여 그 성립의 진정함이 증명된 때에는 증거로 할 수 있다. 단, 피고인의 진술을 기재한 서류는 공판준비 또는 공판기일에서의 그 작성자의 진술에 의하여 그 성립의 진정함이 증명되고 그 진술이 특히 신빙할 수 있는 상태하에서 행하여진 때에 한하여 피고인의 공판준비 또는 공판기일에서의 진술에 불구하고 증거로 할 수 있다.

② 제1항 본문에도 불구하고 진술서의 작성자가 공판준비나 공판기일에서 그 성립의 진정을 부인하는 경우에는 과학적 분석결과에 기초한 디지털포렌식 자료, 감정 등 객관적 방법으로 성립의 진정함이 증명되는 때에는 증거로 할 수 있다. 다만, 피고인 아닌 자가 작성한 진술서는 피고인 또는 변호인이 공판준비 또는 공판기일에 그 기재 내용에 관하여 작성자를 신문할 수 있었을 것을 요한다.

③ 감정의 경과와 결과를 기재한 서류도 제1항 및 제2항과 같다.

제314조(증거능력에 대한 예외) 제312조 또는 제313조의 경우에 공판준비 또는 공판기일에 진술을 요하는 자가 사망·질병·외국거주·소재불명 그 밖에 이에 준하는 사유로 인하여 진술할 수 없는 때에는 그 조서 및 그 밖의 서류(피고인 또는 피고인 아닌 자가 작성하였거나 진술한 내용이 포함된 문자·사진·영상 등의 정보로서 컴퓨터용 디스크, 그 밖에 이와 비슷한 정보저장매체에 저장된 것을 포함한다)를 증거로 할 수 있다. 다만, 그 진술 또는 작성이 특히 신빙할 수 있는 상태하에서 행하여졌음이 증명된 때에 한한다.

> **제315조(당연히 증거능력이 있는 서류)** 다음에 게기한 서류는 증거로 할 수 있다.
>   1. 가족관계기록사항에 관한 증명서, 공정증서등본 기타 공무원 또는 외국공무원의 직무상 증명할 수 있는 사항에 관하여 작성한 문서
>   2. 상업장부, 항해일지 기타 업무상 필요로 작성한 통상문서
>   3. 기타 특히 신용할 만한 정황에 의하여 작성된 문서
>
> **제316조(전문의 진술)**
> ① 피고인이 아닌 자(공소제기 전에 피고인을 피의자로 조사하였거나 그 조사에 참여하였던 자를 포함한다. 이하 이 조에서 같다)의 공판준비 또는 공판기일에서의 진술이 피고인의 진술을 그 내용으로 하는 것인 때에는 그 진술이 특히 신빙할 수 있는 상태하에서 행하여졌음이 증명된 때에 한하여 이를 증거로 할 수 있다.
> ② 피고인 아닌 자의 공판준비 또는 공판기일에서의 진술이 피고인 아닌 타인의 진술을 그 내용으로 하는 것인 때에는 원진술자가 사망, 질병, 외국거주, 소재불명 그 밖에 이에 준하는 사유로 인하여 진술할 수 없고, 그 진술이 특히 신빙할 수 있는 상태하에서 행하여졌음이 증명된 때에 한하여 이를 증거로 할 수 있다.

1) 의의

형사소송법은 헌법이 요구하는 적법 절차를 구현하기 위하여 사건의 실체에 대한 심증 형성은 법관의 면전에서 본래증거에 대한 반대신문이 보장된 증거조사를 통하여 이루어져야 한다는 실질적 직접심리주의와 전문법칙을 채택하고 있다. 공판중심주의의 한 요소인 실질적 직접심리주의는 법관의 면전에서 직접 조사한 증거만을 재판의 기초로 삼을 수 있고, 증명 대상이 되는 사실과 가장 가까운 원본 증거를 재판

의 기초로 삼아야 하며, 원본 증거의 대체물 사용은 특별한 사정이 없는 한 허용되어서는 안 된다는 원칙이다. 법관은 법정에서 직접 원본 증거를 조사하는 방법을 통하여 사건에 대한 신선하고 정확한 심증을 형성할 수 있고, 피고인에게 원본 증거에 관한 직접적인 의견진술의 기회를 부여함으로써 실체적 진실을 발견하고 공정한 재판을 실현할 수 있다.[47] 따라서 법원은 이러한 실질적 직접심리주의와 전문법칙이 형사소송절차 진행 및 심리 과정에서 원칙적이고 실질적인 지배원리로서 충실히 기능할 수 있도록 하여야 하고, 그 예외는 직접심리주의와 공판중심주의에 의한 공정한 공개재판을 받을 권리와 무죄추정을 받을 권리를 본질적으로 침해하거나 형해화하는 결과가 초래되지 않도록 형사소송법이 정한 필요한 최소한도에 그쳐야 한다.[48]

형사소송법은 제310조의2에서 "제311조 내지 제316조에 규정한 것 이외에는 공판준비 또는 공판기일에서의 진술에 대신하여 진술을 기재한 서류나 공판준비 또는 공판기일 외에서의 타인의 진술을 내용으로 하는 진술은 이를 증거로 할 수 없다."고 정하고 있다. 이로써 사실을 직접 경험한 사람의 진술이 법정에 직접 제출되어야 하고 이에 갈음하는 대체물인 진술 또는 서류가 제출되어서는 안 된다는 이른바 전문법칙을 선언하고, 전문법칙의 예외로 증거능력이 인정되는 경우를 제311조 내지 제316조로 제한하고 있다. 또한 제312조와 제313조는 참고인 진술조서 등 서면증거에 대하여 반대신문권이 보장되는 등 엄격한 요건이 충족될 경우에 한하여 증거능력을 인정하는 예외를 규정하고 있고, 제314조는 제312조 또는 제313조의 경우에 진술을 요하는 자가 진술할 수 없는 때 다시 예외적으로 그 진술 없이 증거능력을 인정할 수 있는 요건을 규정하고 있다. 앞에서 살펴본 바와 같이 전문법칙의 예외는 필요한 최소한도에 그쳐야 한다. 형사소송법 제314조는 예외적으로 전문증거의 증거능력이 인정되기 위해 갖추어야 할 요건에 대하여 다시 그 요건마저 갖추지 않아도 되는 예외를 규정한 것이므로, 그 적용 범위를 더욱 제한적으로 해석해야 한다.[49]

---

47) 대법원 2019. 3. 21. 선고 2017도16593-1 전원합의체 판결.
48) 대법원 2011. 11. 10. 선고 2010도12 판결.
49) 대법원 2019. 11. 21. 선고 2018도13945 전원합의체 판결.

2) 전문증거의 증거능력

형사소송법은 제310조의2에서 원칙적으로 전문증거의 증거능력을 인정하지 않고, 제311조부터 제316조까지 정한 요건을 충족하는 경우에만 예외적으로 증거능력을 인정한다. 다른 사람의 진술을 내용으로 하는 진술이 전문증거인지는 요증사실이 무엇인지에 따라 정해진다. 다른 사람의 진술, 즉 원진술의 내용인 사실이 요증사실인 경우에는 전문증거이지만, 원진술의 존재 자체가 요증사실인 경우에는 본래증거이지 전문증거가 아니다. 어떤 진술이 기재된 서류가 그 내용의 진실성이 범죄사실에 대한 직접증거로 사용될 때는 전문증거가 되지만, 그와 같은 진술을 하였다는 것 자체 또는 진술의 진실성과 관계없는 간접사실에 대한 정황증거로 사용될 때는 반드시 전문증거가 되는 것이 아니다. 그러나 어떠한 내용의 진술을 하였다는 사실 자체에 대한 정황증거로 사용될 것이라는 이유로 서류의 증거능력을 인정한 다음 그 사실을 다시 진술 내용이나 그 진실성을 증명하는 간접사실로 사용하는 경우에 그 서류는 전문증거에 해당한다. 서류가 그곳에 기재된 원진술의 내용인 사실을 증명하는 데 사용되어 원진술의 내용인 사실이 요증사실이 되기 때문이다. 이러한 경우 형사소송법 제311조부터 제316조까지 정한 요건을 충족하지 못한다면 증거능력이 없다.[50]

3) 반대신문권 보장의 의미

2007. 6. 1. 법률 제8496호로 개정되기 전의 구 형사소송법 제312조 제1항은 "검사가 피의자나 피의자 아닌 자의 진술을 기재한 조서와 검사 또는 사법경찰관이 검증의 결과를 기재한 조서는 공판준비 또는 공판기일에서의 원진술자의 진술에 의하여 그 성립의 진정함이 인정된 때에는 증거로 할 수 있다. 단, 피고인이 된 피의자의 진술을 기재한 조서는 그 진술이 특히 신빙할 수 있는 상태하에서 행하여진 때에 한하여 그 피의자였던 피고인의 공판준비 또는 공판기일에서의 진술에 불구하고 증거로 할

---

50) 대법원 2019. 8. 29. 선고 2018도13792 전원합의체 판결.

수 있다."고 정하고, 제313조 제1항은 사법경찰관이 작성한 참고인에 대한 진술조서에 관하여도 같은 취지로 규정하였다. 2007. 6. 1. 개정된 형사소송법은 제312조 제4항에서 "검사 또는 사법경찰관이 피고인이 아닌 자의 진술을 기재한 조서는 적법한 절차와 방식에 따라 작성된 것으로서 그 조서가 검사 또는 사법경찰관 앞에서 진술한 내용과 동일하게 기재되어 있음이 원진술자의 공판준비 또는 공판기일에서의 진술이나 영상녹화물 또는 그 밖의 객관적인 방법에 의하여 증명되고, 피고인 또는 변호인이 공판준비 또는 공판기일에 그 기재 내용에 관하여 원진술자를 신문할 수 있었던 때에는 증거로 할 수 있다. 다만 그 조서에 기재된 진술이 특히 신빙할 수 있는 상태하에서 행하여졌음이 증명된 때에 한한다."고 정하고 있다. 현행 형사소송법 제312조 제4항은 구 형사소송법이 정한 원진술자의 진정성립 인정 요건 외에 '피고인 또는 변호인이 공판준비 또는 공판기일에 그 기재 내용에 관하여 원진술자를 신문할 수 있었던 때', 즉 피고인의 반대신문권이 보장될 것을 증거능력 인정의 요건으로 추가함으로써 피고인의 반대신문권이 보장되지 않은 참고인에 대한 진술조서는 원칙적으로 증거능력이 인정되지 않음을 선언하였다. 반대신문권의 보장은 형식적·절차적인 것이 아니라 실질적·효과적인 것이어야 한다.[51]

4) 314조의 해석

형사소송법 제314조는 "제312조 또는 제313조의 경우에 공판준비 또는 공판기일에 진술을 요하는 자가 사망·질병·외국거주·소재불명, 그 밖에 이에 준하는 사유로 인하여 진술할 수 없는 때에는 그 조서 및 그 밖의 서류(피고인 또는 피고인 아닌 자가 작성하였거나 진술한 내용이 포함된 문자·사진·영상 등의 정보로서 컴퓨터용 디스크, 그 밖에 이와 비슷한 정보저장매체에 저장된 것을 포함한다)를 증거로 할 수 있다. 다만 그 진술 또는 작성이 특히 신빙할 수 있는 상태하에서 행하여졌음이 증명된 때에 한한다."고 정함으로써, 원진술자 등의 진술에 의하여 진정성립이 증명되지 아니하는

---

51) 대법원 2019. 11. 21. 선고 2018도13945 전원합의체 판결.

전문증거에 대하여 예외적으로 증거능력이 인정될 수 있는 사유로 '사망·질병·외국거주·소재불명, 그 밖에 이에 준하는 사유로 인하여 진술할 수 없는 때'를 들고 있다. 위 증거능력에 대한 예외사유로 1995. 12. 29. 법률 제5054호로 개정되기 전의 구 형사소송법 제314조가 '사망, 질병 기타 사유로 인하여 진술할 수 없는 때', 2007. 6. 1. 법률 제8496호로 개정되기 전의 구 형사소송법 제314조가 '사망, 질병, 외국거주 기타 사유로 인하여 진술할 수 없는 때'라고 각 규정한 것에 비하여 현행 형사소송법은 그 예외사유의 범위를 더욱 엄격하게 제한하고 있는데, 이는 직접심리주의와 공판중심주의 요소를 강화하려는 취지가 반영된 것이다. 한편 형사소송법은 누구든지 자기 또는 친족 등이 형사소추 또는 공소제기를 당하거나 유죄판결을 받을 사실이 발로될 염려가 있는 증언을 거부할 수 있도록 하고(제148조), 또한 변호사, 변리사, 공증인, 공인회계사, 세무사, 대서업자, 의사, 한의사, 치과의사, 약사, 약종상, 조산사, 간호사, 종교의 직에 있는 자 또는 이러한 직에 있던 사람은 그 업무상 위탁을 받은 관계로 알게 된 사실로서 타인의 비밀에 관한 것은 증언을 거부할 수 있도록 규정하여(제149조 본문), 증인에게 일정한 사유가 있는 경우 증언을 거부할 수 있는 권리를 보장하고 있다. 위와 같은 현행 형사소송법 제314조의 문언과 개정 취지, 증언거부권 관련 규정의 내용 등에 비추어 보면, 법정에 출석한 증인이 형사소송법 제148조, 제149조 등에서 정한 바에 따라 정당하게 증언거부권을 행사하여 증언을 거부한 경우는 형사소송법 제314조의 '그 밖에 이에 준하는 사유로 인하여 진술할 수 없는 때'에 해당하지 않는다.

제314조가 규정하는 '질병'에 대해서는 공판이 계속되는 기간 동안 임상신문이나 출장신문도 불가능할 정도의 중병임을 요한다고 하였고(대법원 2006. 5. 25. 선고 2004도3619 판결 참조), '외국거주'에 대해서는 원진술자가 외국에 있다는 사정만으로는 부족하고, 공판정에 출석시켜 진술하게 할 모든 수단을 강구하는 등 가능하고 상당한 수단을 다하더라도 진술을 요할 자를 법정에 출석하게 할 수 없는 사정이 있어야 하며, 해당 국가와 국제형사사법공조조약이 체결된 상태라면 우선 사법공조의 절차에 의하여 증인을 소환할 수 있는지를 검토해야 하고, 소환을 할 수 없는 경우라

도 외국의 법원에 사법공조로 증인신문을 실시하도록 요청하는 등의 절차까지 거쳐야 한다고 보았다(대법원 2016. 2. 18. 선고 2015도17115 판결 등 참조). 그리고 '소재불명'에 해당하려면 소환장이 송달불능되었다는 것만으로는 부족하고, 소재탐지촉탁까지 하여 소재수사를 하였는데도 그 소재를 확인할 수 없어야 한다고 보았다.

이와 같이 제314조가 규정하는 '사망·질병·외국거주·소재불명'은 개인의 신체적 사유나 법정 출석에 따른 장소적, 거리적 제한 내지 출석을 고지할 수 없는 사정 등이 있어 물리적으로 증인이 법정에 나오는 것이 불가능하거나 나오더라도 진술을 할 수 없음이 객관적으로 분명한 경우라고 인정되어야 한다. 그런데 증언거부권의 정당한 행사에 해당하지 않는 증언거부는 위와 같은 '사망·질병·외국거주·소재불명'의 경우에 준한다고 볼 수 있을 정도로 법정에서 진술할 수 없는 경우에 해당한다고 인정하기 어렵다. 따라서 수사기관에서 진술한 참고인이 법정에서 증언을 거부하여 피고인이 반대신문을 하지 못한 경우에는 정당하게 증언거부권을 행사한 것이 아니라도, 피고인이 증인의 증언거부 상황을 초래하였다는 등의 특별한 사정이 없는 한 형사소송법 제314조의 '그 밖에 이에 준하는 사유로 인하여 진술할 수 없는 때'에 해당하지 않는다고 보아야 한다. 따라서 증인이 정당하게 증언거부권을 행사하여 증언을 거부한 경우와 마찬가지로 수사기관에서 그 증인의 진술을 기재한 서류는 증거능력이 없다.[52]

5) 탄핵증거

형사소송법 제312조부터 제316조까지의 규정에 따라 증거로 할 수 없는 서류나 진술이라도 공판준비 또는 공판기일에서의 피고인 또는 피고인이 아닌 자(공소제기 전에 피고인을 피의자로 조사하였거나 그 조사에 참여하였던 자를 포함한다. 이하 이 조에서 같다)의 진술의 증명력을 다투기 위하여 증거로 할 수 있다(제318조의1 제1항). 이때 피고인 또는 피고인이 아닌 자의 진술을 내용으로 하는 영상녹화물은 공판준비 또는 공판기일에 피고인 또는 피고인이 아닌 자가 진술함에 있어서 기억이 명백

---

52) 대법원 2019. 11. 21. 선고 2018도13945 전원합의체 판결.

하지 아니한 사항에 관하여 기억을 환기시켜야 할 필요가 있다고 인정되는 때에 한하여 피고인 또는 피고인이 아닌 자에게 재생하여 시청하게 할 수 있다(제1항).

따라서 검사가 유죄의 자료로 제출한 사법경찰리 작성의 피고인에 대한 피의자신문조서는 피고인이 그 내용을 부인하는 이상 증거능력이 없으나, 그것이 임의로 작성된 것이 아니라고 의심할 만한 사정이 없는 한 피고인의 법정에서의 진술을 탄핵하기 위한 반대증거로 사용할 수 있으며, 또한 탄핵증거는 범죄사실을 인정하는 증거가 아니므로 엄격한 증거조사를 거쳐야 할 필요가 없음은 형사소송법 제318조의2의 규정에 따라 명백하나 법정에서 이에 대한 탄핵증거로서의 증거조사는 필요한 것이고 한편 증거신청의 방식에 관하여 규정한 형사소송규칙 제132조 제1항의 취지에 비추어 보면 탄핵증거의 제출에 있어서도 상대방에게 이에 대한 공격방어의 수단을 강구할 기회를 사전에 부여하여야 한다는 점에서 그 증거와 증명하고자 하는 사실과의 관계 및 입증취지 등을 미리 구체적으로 명시하여야 할 것이므로, 증명력을 다투고자 하는 증거의 어느 부분에 의하여 진술의 어느 부분을 다투려고 한다는 것을 사전에 상대방에게 알려야 한다.[53]

2. 증거에 대한 의견 개진 방식

증거에 대한 의견 역시 '보류'할 수 있다. 그러나 이 보류란 물리적으로 검사 신청의 증거를 다 확인하지 못한 경우에 차회 기일에서 증거의견을 내겠다는 의미일 뿐이다. 증거에 대한 의견은 크게 다음과 같이 나눠 볼 수 있다.

가. 동의

문언 그대로, 검사가 신청한 증거를 법원이 피고인에 대한 유무죄를 판단하기 위한 자료로 활용하는 것에 '동의'한다는 의미이다.

---

53) 대법원 2005. 8. 19. 선고 2005도2617 판결.

나. 부동의

역시, 검사가 신청한 증거를 법원이 피고인에 대한 유무죄를 판단하기 위한 자료로 활용하는 것에 '부동의'한다는 의미이다. 그런데, 실무상 주의해야 할 점이 있다. 무죄를 다투는 사건이라면, 검사가 신청한 증거에 대하여 전부 부동의해야 하는 것인가? 그렇지 않다는 것이다. 즉, 형사소송법 제315조에 따라 당연히 증거능력이 있는 서류가 있는데 이러한 증거들에 대해서도 부동의 의견을 표한다면, 법원으로서는 직접 증거채택 결정을 내릴 수밖에 없게 된다. 다시 말하면, 증거의견에 대하여 '부동의' 의견을 표한다고 해서, 당해 증거의 증거능력이 없어지게 되는 것이 아니라는 것이다. 이를테면 검사가 제출한 피고인의 범죄경력조회회보에 대하여도 부동의 의견을 낼 것인가?

따라서 의견서에 부동의 의견을 표시할 때에는 비고란을 통해 그 취지를 설명해 주는 것이 좋다. 예를 들면, 사경 작성의 피해자 진술조서에 대한 증거에 대하여 부동의 의견을 표하는 것이라면, 그 취지는 '반대 신문의 필요성'이라고 기재하는 것이다.

다. 일부 부동의

하나의 증거 중 일부 증거에 대해서만 '부동의'하는 것이다. 예를 들면, 경찰의 수사보고서에 기재된 피해자의 진술이다. 경찰의 수사보고서는 경찰이 작성하였지만 그 안에 피해자의 진술이 기재되어 있다면, 그 진술 부분에 대해서만 '일부 부동의' 의견을 피력하는 것이다. 즉, 경찰이 피해자로부터 들은 내용(전문)을 수사보고서로 작성하였다고는 하지만(수사기관이 그렇게 주장하시만), 실제로 피해자가 그와 같이 진술하였는지 혹은 경찰이 임의로 기재하였는지는 모르는 것이다. 따라서 이 경우에도 반대신문의 필요성이 존재한다. 이를테면, 이러한 증거에 대하여 '일부 부동의'를 하는 것이다.

이 경우 법원의 증거 채부 결정은 크게 두 가지로 나뉜다. 검사의 증거신청에 대하여 기각하거나(이는 피해자를 증인으로 소환하여도 마찬가지이다), 피해자에 대한 증인신문 이후 증거로 채택하는 것이다. 여기서 유의해야 할 점은, 피해자를 증인으로 소환해도 기각의 대상이 되는 증거는 '일부 부동의'된 증거라는 것이다. 즉, '부동의' 하게 된 증거에 대해서는 피해자가 법정에 나와 진술하게 됨으로써 증거능력을 갖추게 된다.

라. 내용 부인

피고인의 진술에 대한 것이다. 사경 작성의 피의자신문조서 또는 검사 작성의 피의자신문조서, 그 이외의 피고인의 전문 진술이 기재된 경우라면 '내용 부인'의 대상이 된다. 변호인이 피고인의 전문 진술에 대하여 '내용 부인' 의견을 피력하게 되면, 검사의 증거신청은 기각될 수밖에 없다.

마. 입증취지 부인

증거능력이 있다는 것에는 동의하지만, 그와 같이 동의된 증거를 법원이 피고인에 대한 유무죄를 판단하기 위한 자료로 활용하는 것에는 '부동의'한다는 의미이다. 다만, 이러한 경우에도 검사가 별도로 증인을 신청하여 증거에 증명력을 더하는 작업을 하기도 하고, 법원이 소송지휘의 일환으로서 검사에게 증인을 신청하라고 권하는 경우도 있다.

[기재례]

변 호 인 의 견 서

사　건　2020고단****　특수협박
피 고 인　페 리 시 치
　　　　　피고인의 변호인
　　　　　변호사 콘 테

서울중앙지방법원 형사 제**단독 귀중

변호인의견서

사　건　　2020고단****　특수협박
피고인　　페리시치

위 사건에 관하여 피고인의 변호인은 다음과 같이 의견을 개진합니다.

다　음

1. 공소사실의 요지

본 건 공소사실의 요지는 『피고인이 같은 장소에서 아르바이트를 하는 피해자와 음료재료통에 담가 둔 뜨거운 물 때문에 시비하여 다투다가 그곳에 비치되어 있는 위험한 물건인 식칼과 과도를 양손에 들고 피해자를 향해 찌를 듯이 겨누어 위험한 물건을 휴대하여 피해자를 협박하였다.』는 것입니다.

2. 공소사실 및 증거 인부

가. 공소사실에 대한 의견

피고인이 음료재료통에 뜨거운 물을 담가 두고 피해자가 그와 같은 사실을 모르고 설거지를 하다가 그와 같은 사실을 피고인이 미리 이야기해 주지 않았다는 것에 시비가 된 것은 사실이나, 피고인은 피해자의 혹시라도 모를 위협에 대비하기 위하여 칼을 숨긴 것일 뿐 피해자가 주장하는 바와 같이 ① 피고인은 식칼과 과도를 양손에 든 사실이 없고, ② 위 칼들을 피해자를 향해 찌를 듯이 겨눈 사실도 없다는 취지에서 본 건 공소사실을 부인합니다.

피고인으로서는 음료재료통에 담긴 뜨거운 물 때문에 피해자와 시비가 되었고, 당시 매장 내에 아무도 없던 상황에서 복싱을 배웠던 피해자가 문을 닫고 험악한 인상을 쓰며 피고인에게 고개를 들이댔으며 흥분한 피해자가 피고인에게 달려들면 피고인으로서는 피할 장소 등도 없었으므로 이에 겁이나 혹시라도 피해자가 칼을 들고 피고인에게 휘두를 수 있는 위험을 제거하기 위하여 위 칼 두 자루를 숨긴 것일 뿐입니다.

나. 증거에 관한 의견

순번 (면수)	작성자	증거명칭	의견	비고
1	사경	의견서	일부 부동의	피해자 전문 진술
2	사경	임의동행보고	일부 부동의	피해자 전문 진술 본 증거 중 피해자 작성의 진술서 포함(부동의)
16	사경	피의자신문조서	부동의	
28	사경	수사보고 (손오공 추가자료 제출)	부동의	피해자 전문 진술 본 증거 중 고소장, 보충진술 보고서, 변호인의견서, 녹취록 등

132	사경	수사결과보고	일부 부동의	피해자 전문 진술
175	검사	피의자신문조서(대질)	일부 부동의	피해자 진술 부분
189	검사	고소보충서	부동의	

검사가 제출한 증거에 대하여 위와 같이 부동의하는 증거를 제외하고, 나머지 증거에 대하여는 모두 동의합니다.

3. 결론

재판이 진행됨에 따라 사건의 실체가 드러날 것으로 보이는바, 추후 정리하여 변론요지서를 제출토록 하겠습니다.

2020. 6.
피고인의 변호인
변호사 콘 테

서울중앙지방법원 형사 제단독 귀중**

제11장

공판사건의 처리3

: 증인신문 및 피고인신문

: 증인신문 및 피고인신문

Ⅰ. 증인신문

1. 증거능력을 부여하기 위한(증거조사를 위한) 증인신문

가. 의의

변호인이, 검사가 제출한 증거 중 검사 또는 사법경찰관이 피고인이 아닌 자의 진술을 기재한 조서에 대하여 부동의 의견을 피력한 경우, 즉 피해자 진술조서 또는 참고인 진술조서가 증거능력을 갖추기 위해서는 '그 조서가 검사 또는 사법경찰관 앞에서 진술한 내용과 동일하게 기재되어 있음이 원진술자의 공판준비 또는 공판기일에서의 진술이나 영상녹화물 또는 그 밖의 객관적인 방법에 의하여 증명'되고 '피고인 또는 변호인이 공판준비 또는 공판기일에 그 기재 내용에 관하여 원진술자를 신문할 수 있었던 때'라는 요건을 갖추어야 한다(형사소송법 제312조 제4항). 또는 위와 같이 수사기관에서 작성된 것이 아니라 피고인 또는 피고인이 아닌 자가 작성한 진술서나 그 진술을 기재한 서류라면 공판준비나 공판기일에서의 그 작성자 또는 진술자의 진술에 의하여 그 성립의 진정함이 증명된 때에 증거능력을 갖추게 된다(제313조 제1항).

위와 같은 검사 제출의 증거에 대하여 증거능력이 있으려면, 원진술자의 법원에서의 진술이 필요하다. 이를 위해 검사는 증인으로서 원진술자를 소환하는 것이며, 이는 증인신청의 절차로서 진행되는 것이다. 그리고 원진술자를 증인으로 소환하여 진정성립을 확인하는 것 이외에도, 가장 강력한 증명력을 가지는 법정 증언을 위해 증인신문을 하는 것이라고 보아도 무방하다. 증인의 법정진술은, 피고인 아닌 자의 진술을 기재한 조서로 남게 되기 때문이다(제311조).

나. 변호인의 반대신문

한편, 변호인으로서는 피고인 아닌 자, 즉 검찰 측의 증인에 대하여 반대신문을 하게 된다. 변호인의 반대신문은, 변론에 있어서 핵심을 이룬다. 즉, 최후변론이나 변론요지서를 준비하여 법원에 제출하는 것도 중요하지만, 이는 증인에 대한 반대신문을 통해서 증언의 허점을 파악하여 그 진술의 신빙성을 탄핵하는 과정이 전제되기 때문이다.

2. 별도의 증인신문

통상 검사가 피해자 진술조서 또는 참고인 진술조서를 증거로 제출하고, 이에 대하여 변호인이 증거능력에 대하여 부동의 의견을 표시하면, 위 증거에 대하여 증거능력을 부여하기 위하여 증인을 신청하게 됨은 앞서 본 바와 같다.

그러나 위의 경우 이외에도 별도로 증인을 신청할 수 있다(제294조 제1항). 즉 검사 역시 증거목록에 기재된 서류의 원진술자 이외에도 다른 사람을 증인으로 신청할 수 있고, 이는 변호인 역시 마찬가지다. 변호인의 입장에서 공소사실에 대하여 다툼이 있는 경우 검사 제출의 증거의 증명력을 감쇄시키기 위한 증인을 신청할 수도 있고, 혹은 공소사실에 대하여 인정하면서 피고인의 양형을 위한 양형증인(예를 들면, 피고인의 가족)을 신청할 수도 있다. 다만, 법원이 채부를 결정할 따름이다.

3. 증인신문의 방법

증인은 신청한 검사, 변호인 또는 피고인이 먼저 이를 신문하고 다음에 다른 검사, 변호인 또는 피고인이 신문한다(제161조의2 제1항). 재판장은 검사나 변호인의 신문이 끝난 뒤에 신문하는 것이 원칙이나 사실상 어느 때나 신문할 수 있다(제2항, 제3항).

증인을 신문할 경우 가장 유의해야 할 점은 위협적이거나 모욕적인 신문, 전의 신문과 중복되는 신문, 의견을 묻거나 의논에 해당하는 신문, 증인이 직접 경험하지 아니한 사항에 해당하는 신문은 허용되지 않는다는 점이다(형사소송규칙 제74조 제2항).

한편, 주신문의 경우에는 증인과 피고인과의 관계, 증인의 경력, 교우관계 등 실질적인 신문에 앞서 미리 밝혀 둘 필요가 있는 준비적인 사항에 관한 신문의 경우, 검사, 피고인 및 변호인 사이에 다툼이 없는 명백한 사항에 관한 신문의 경우, 증인이 주신문을 하는 자에 대하여 적의 또는 반감을 보일 경우, 증인이 종전의 진술과 상반되는 진술을 하는 때에 그 종전진술에 관한 신문의 경우, 기타 유도신문을 필요로 하는 특별한 사정이 있는 경우 이외에는 유도신문이 허용되지 않으므로 주의를 요한다(규칙 제75조 제2항).

실무상 검사는 증인을 신문(주신문)할 때 유도신문을 하는 경우가 많다. 즉, 경험한 사실을 물어야 하는데, 경험한 사실을 먼저 정리하여 밝히고 그에 대한 대답으로 "네"라고 말하게끔 하는 경우가 흔하다. 문제는 재판장이 유도신문이 있는 경우에는 제지하여야 하는데(규칙 제75조 제3항), 실무상 제지하는 경우는 거의 없다는 것에 있다. 따라서 변호인은 주신문이 시작될 때 빠르게 검사의 신문사항을 확인하여 유도신문에 해당하는 것이 없는지 확인하고, 있다면 검사의 신문 전에 재판장에게 이의를 제기하여 다른 방식으로 물어봐 달라고 요청해야 한다. 공정한 판사라면, 검사에게 질문을 바꿔서 물어보라고 명하거나 본인이 질문을 바꿔서 직접 물어볼 것이다. 유도신문은 반대신문을 할 때 가능하다(규칙 제76조 제2항).

Ⅱ. 피고인신문

앞서 본 바와 같이 특별한 사정이 없는 한 피고인신문은 생략한다. 다만 피고인신문을 하는 경우는 크게 두 가지가 있다.

첫째, 공소사실에 대하여 다툼이 있을 때 피고인 주장의 증명력을 강화하기 위한 작업이다. 둘째, 공소사실에 대하여 인정하지만 피고인의 양형을 드러내기 위함이다. 즉 피고인의 양형을 위해 증인을 신청할 수도 있지만, 피고인을 직접 신문하는 것도 가능하다.

제12장

공판사건의 처리4
:최후변론 및 변론요지서 제출

공판사건의 처리4 : 최후변론 및 변론요지서 제출

Ⅰ. 최후변론

  선고 직전의 공판절차의 끝은 최후변론과 피고인의 최후진술로 이루어진다. 인정하는 사건의 경우 보통 첫 기일에 증거조사까지 모두 마쳐지므로 결심할 가능성이 높다. 다툼이 있는 사건의 경우에는 증거조사가 마무리된 시점에 결심하는 경우가 많나. 따라서 결심 시점을 잘 예상하고 최후변론을 준비해야 한다. 준비가 되지 않았다면 재판부에 변론을 위한 기일 속행을 구할 수도 있다. 그러나 이 역시 재판부의 재량이라는 점을 명심해야 한다.

  최후변론의 방식은 제한이 없다. 변호인의견서나 변론요지서의 내용을 요약해도 되고, 최후변론의 내용만 따로 준비해도 된다. 다만, 너무 길지 않게 한다. 상당한 시간이 소요된다면 법원에 미리 허가를 받아 별도로 변론을 위한 기일을 지정받는 것이 좋다.

Ⅱ. 변론요지서의 제출

  변론'요지'서이지만, 실상은 공판절차에서의 변론 내용을 주장하고 총정리하는 개념의 문서다. 실상 '변론의 요지'는 최후변론 때에 구두로 진술할 수밖에 없다.

변론요지서의 제출은 결심 전 또는 결심 이후 최소한 선고 2주일 전이 적절하다. 늦어도 1주일 전에 제출할 것을 권한다. 작업이 늦어질 경우에는 부득이 선고기일의 연기를 신청해야 하며, 선고기일 연기의 변경 여부 역시 법원의 재량사항이다. 특히 증인신문을 한 경우에는, 법원에 공판조서의 내용 중 증인신문조서를 따로 확인할 필요가 있다. 이는 증거기록이 아니므로 "피고인과 변호인은 소송계속 중의 관계 서류 또는 증거물을 열람하거나 복사할 수 있다."는 형사소송법 제35조 제1항의 규정에 따라 관련 조서를 확보한다.

III. 판결의 선고

형사소송법

제318조의4(판결 선고기일)
① 판결의 선고는 변론을 종결한 기일에 하여야 한다. 다만, 특별한 사정이 있는 때에는 따로 선고기일을 지정할 수 있다.
② 변론을 종결한 기일에 판결을 선고하는 경우에는 판결의 선고 후에 판결서를 작성할 수 있다.
③ 제1항 단서의 선고기일은 변론종결 후 14일 이내로 지정되어야 한다.

판결의 선고는 변론을 종결한 기일에 하는 것이 원칙이나, 실무상 그러한 경우는 매우 드물다. 앞서 본 바와 같이 결심 이후에 판결 선고기일을 따로 지정한다. 따로 선고기일을 지정할 경우에도 14일 이내라고 되어 있으나, 사건과 법원에 따라 다름을 유의할 필요가 있다. 통상적으로는 2주 뒤에 지정하고, 길어도 보통 4주 이후로 지정하나, 법원이 유무죄 등 판단을 위해서 필요한 경우에는 직권으로 지정된 선고기일을 연장하는 경우도 있다.

  합의가 필요한 사건에 있어서, 변론이 종결되는 시점까지 합의가 되지 않았다면 합의를 위해 선고기일을 넉넉히 지정하여 달라고 요청해도 된다. 그런데도 선고기일까지 합의가 되지 않는다면, 선고기일의 연기를 신청하는 것도 하나의 방법이다. 이 역시 법원의 재량이나, '피해자가 합의하기로 약속하였으나, 합의금을 지급하는 데 시간이 소요'된다는 등의 특별한 사정이 있다면, 통상적으로 선고기일을 연기해 주고 있다.

[기재례]

최후변론

　본 건 공소사실의 요지는 피고인이 위험한 물건인 식칼과 과도를 양손에 들고 피해자를 향해 찌를 듯이 겨누었다는 것으로, 이 사건의 쟁점은 피고인이 거동으로서 해악을 고지하였는지, 그리고 CCTV와 같은 객관적인 증거가 없는 상황에서 피해자 진술을 얼마나 믿을 수 있는지, 반대로 피고인의 진술은 어느 정도로 믿을 수 있는지 여부라고 할 것입니다.

　우선 피고인은 위험한 물건인 식칼과 과도를 양손에 들고 피해자를 향하여 겨눈 사실이 없습니다. 피고인이 칼을 든 사실이 있으나, 이는 어디까지나 피해자가 피고인과 시비하더니 매장의 문을 잠그자 이에 두려움을 느낀 피고인이 칼을 숨긴 것에 불과합니다. 본 변호인이 추측하기로는, 피해자가 문을 잠그고 피고인에게 다가가자 피고인이 칼을 숨기는 장면을 보았고, 피해자는 그와 같은 사실을 들어 피고인으로부터 위협을 당했다고 주장하는 것 같습니다.

　추후 변론요지서를 통하여 자세히 특정하겠습니다만, 피해자는 경찰에서의 진술과 경찰에서의 첫 번째 조사 당시 피해 사실에 대하여 구체적이지 못하였습니다. 피해자 진술에 의하면 위협을 하기 시작했다는 추상적인 진술과, 양손에 칼을 들고 서서 쳐다보고 있었다는 것인데, 도대체 어떠한 위협을 어떻게 했다는 것인지는 구체적으로 나와 있지 않고, 경찰에서 조사에 있어서도 양손에 칼을 들고 서 있다고 했는데 단순히 양손에 칼을 들고 서 있었던 사실과 칼을 휴대한 채 거동으로 해악을 고지하는 것은 달리 보아야 한다는 섬에서 피해자 진술을 엄격하게 판단할 필요가 있다고 할 것입니다.

　결정적으로, 본 건 공소사실과 같은 피해의 구체적인 태양, 즉 피고인이 칼을 피해자를 향하여 겨누었다는 것은, 피해자가 직접적으로 진술한 것이 아니라 수사관의 유도 신문에 의한 것이었습니다. 당시 피해자를 조사한 수사관이 피해자로부터 구체적인 피해의 태양을 묻지 않고, 굳이 왜 피고인이 피해자를 향하여 겨눈 사실이 있냐고 물었는지는 모르겠지만, 그와 같은 질문을 들었을 때 아니라고 할 피해자는 없을 것입니다. 만일 피고인이 피해자에게 칼을 겨눈 것이 사실이라면, 피고인이 그 장소를 벗어나는 것이 바람직하지 직접 동영상을 촬영하면서 피해자에게 시비를 거는 행동은 납득하기 어렵습니다.

이와 달리 보시더라도 당시 피고인은 운동을 하고 몸이 다부졌으며 직접 문을 잠근 피해자로부터 폭행이나 협박, 상해를 입을 수 있었고 피할 곳이 없었던 피고인은 칼을 들어 가까이 오지 마라는 시늉을 할 수밖에 없었을 것입니다. 이는 부당한 침해를 방어하기 위한 것으로 상당성이 있고, 피고인이 물리적으로 다른 공간으로 벗어날 수 없었던 상황임을 고려하면 정당행위로 보이고 있습니다.

따라서 본 건 공소사실은 구성요건해당성이 없거나 위법성이 조각되므로, 피고인에게 무죄를 선고하여 주시기 바랍니다. 아울러 변론요지서 제출을 위해 선고기일을 넉넉히 지정하여 주시기 바랍니다.

[기재례]

변론요지서

사 건 2020고단**** 특수협박
피고인 페리 시치
          피고인의 변호인
          변호사 콘 테

서울중앙지방법원 형사 제**단독 귀중

변론요지서

사　건　2020고단**** 특수협박
피고인　페리시치

위 사건에 관하여 피고인의 변호인은 다음과 같이 변론합니다.

다　음

1. 쟁점

주지하듯이, 이 사건의 공소사실은 『피고인이 위험한 물건인 식칼과 과도를 양손에 들고 피해자를 향해 찌를 듯이 겨누었다.』는 것으로서, 피고인이 '거동으로 해악을 고지'하였는지 여부라고 할 것입니다(대법원 2011. 1. 27. 선고 2010도14316 판결).

2. 피고인이 거동으로 해악을 고지하였는지 여부

가. 협박행위의 부존재

피고인은 음료재료통에 담가 둔 뜨거운 물 때문에 피해자와 시비가 일었습니다. 그 과정에서 <u>피고인은 갑자기 매장의 문을 닫았고, 이에 두려움을 느낀 피고인은 식칼과 과도를 숨긴 것일 뿐입니다.</u>

1) 피해자는 수사기관에서 피고인과 시비하는 과정에서 공격적인 태도를 취했다고 진술한 바 있습니다(증거기록 제9면). 또한, 피고인을 노려보

기도 했습니다(증거기록 제179면).

2) 그러한 상황에서 피해자가 이 사건 매장의 문을 닫고, 험악한 인상을 쓰며 피고인에게 고개를 들이댔으며(증거기록 제22면) 흥분한 피해자가 피고인에게 달려들면 **피고인으로서는 피할 장소 등도 없었으므로** 이에 겁이나 혹시라도 피해자가 칼을 들고 피고인에게 휘두를 수 있는 위험을 제거하기 위하여 위 칼 두 자루를 숨긴 것일 뿐입니다.

3) 피고인은 협박행위 자체가 없었다고 주장하는 한편, 이 사건과 관련하여 객관적인 증거가 없는 상황에서 실체 진실은 피해자 진술의 신빙성에 의하여 판단될 것인바, 이에 대하여는 항을 달리하여 설명해 드리도록 하겠습니다.

나. 피해자 진술의 신빙성

1) 협박행위에 대한 묘사가 구체적이지 않습니다.

이 사건 공소사실은 '피고인이 식칼과 과도를 양손에 들고 피해자를 향해 찌를 듯이 겨누었다'는 것입니다. 피해자가 겪은 피해 사실에 대한 피해자의 진술을 구체적으로 살펴보면 **"양손에 매장에서 쓰는 식칼 큰 것과 과도 하나를 양손에 쥐고 위협을 하기 시작했다**(증거기록 9면).", **"출입문을 닫고 뒤를 돌아보자 상피의자 양손에 칼을 들고 서서 쳐다보며 있는 것입니다**(증거기록 21면).**"라는 진술을 확인할 수 있습니다.

위에서 살펴보는 것처럼 '위협을 하기 시작했다'는 표현은 매우 추상적인 것입니다. 증거기록 9면의 진술서는, 사건이 발생하고 두 시간도 되지 않아 작성된 것으로서 피해자의 경험한 사실이 가장 구체적이고 생생하게 드러난

진술의 가치를 지닌다고 볼 것입니다. 그런데 그 진술서에는 구체적으로 어떠한 위협이 있었는지 드러나지 않습니다.

경찰에서의 진술도 마찬가지입니다. 피해자는 경찰에서 '양손에 칼을 들고 서서 쳐다보며 있었다'는 취지로 진술했습니다. 단순히 양손에 칼을 들고 서 있는 것과 칼을 휴대하여 거동으로서 해악을 고지하는 것은 달리 보아야 합니다.

그런데 조사과정에서 객관성을 담보해야 할 경찰은, 피해자에게 "상피의자가 칼을 들어 본인을 향해 겨눈 사실이 있나요?"라고 묻습니다(증거기록 23면). 조사 내용에서 어떠한 가감이 없어야 하는 상황에서 오히려 피해자에게 유리한 방향으로 유도신문을 한 것입니다. 경찰은 피해자에게 위와 같이 진술할 것이 아니라, 피고인이 어떻게 행동(협박)하였느냐고 묻는 것이 더 공정합니다. 이 과정에서 경찰이 피해자에게 진술의 방향에 대한 키(key)를 던져줬다고 해도 과언이 아닌 것입니다. 피해자는 기다렸다는 듯이 "웃으면서 저를 향해 겨눴습니다."라고 대답했습니다(증거기록 23면). 피해자라고 주장하는 사람이, 이를 조사하는 수사관이 '가해자가 칼을 겨눴느냐'고 묻는데 반대로 대답할 사람은 통상적으로나, 경험칙으로나 기대하기 어렵다는 점에서 <u>피해자 진술의 객관성을 담보하기 어렵다고 할 것입니다.</u>

2) 만일 피고인이 피해자에게 칼을 겨눈 것이 사실이라면, 사회통념상 피해자가 직접 이 사건 매장의 잠긴 문을 열고 밖으로 나가는 것이 상식에 부합한다고 볼 것입니다.

<u>그러나 피해자는 피고인을 피하기는커녕 오히려 '찔러 봐'라고 말하며 피고인을 자극, 도발, 조롱하기에 이릅니다.</u> 당시 피해자가 복싱을 배웠다고 하더라도, 피고인이 양손에 식칼을 들고 더군다나 이 사건 매장의 문이 잠긴 상황이라면 흉기를 휴대하고 있는 사람에게 감히 도발을 한다는 것은 쉽게 상상

할 수 없는 일입니다.

또한, 피고인은 손님을 응대하는 장소에 있었고, 피해자는 이미 그 장소를 벗어난 상황이었습니다. **피고인은 피해자를 이탈하기 어려웠던 반면 피해자는 이 사건 매장 밖으로 나가면 되는 상황이었습니다.** 물론 본 변호인은 피해자가 이 사건 매장의 문을 닫은 것에 대하여 이해가 되지 않습니다. 피해자는 손님들과 매장의 이미지를 고려하여 문을 닫았다고 하는데, 당시 피고인과의 갈등을 해결하기 위한 적절한 방법이나 조치는 아닙니다.

다. 피고인이 거동으로서 해악을 고지하였는지 여부

피해자는 법정에서 피고인이 양손에 칼을 들고 서 있는 것을 보았다고 진술한바, 피고인은 언제 닥칠지 모르는 피해자의 위협에 대비하기 위하여 칼을 숨긴 것일 뿐이라는 입장을 견지하나, 피고인이 실제로 칼을 들었다고 가정하더라도 다음과 같은 이유에서 이를 거동으로서 해악을 고지했다고 평가할 수는 없습니다.

1) 피고인은 매장 안쪽에 위치하고 있었고, 피해자는 매장 바깥쪽에 위치하고 있었으므로, 피해자는 언제라도 매장 안쪽으로 달려들거나 매장 바깥쪽으로 피할 수 있는 상황이었습니다. 이미 피해자는 복싱을 하여 몸이 다부진 편이었으므로, 피할 곳이 없는 피고인으로서는 칼을 들어 혹시라도 모르는 피해자의 공격을 방지할 필요가 있었습니다.

2) **피고인이 단순히 칼을 들고 서 있는 것만으로 '거동으로 해악을 고지했다'고 평가할 수는 없습니다. 피해자의 법정 진술에 의하더라도, 피고인이 피해자에게 "나가라."고 하는 등 다른 말로 위협을 한 것은 아닌 것으로 밝혀졌습니다.**

3) 아울러 피해자는 법정에서, 피고인이 칼을 자신을 향하여 겨누었다고 했는데 피고인이 '방비'를 위하여 칼을 들고 서 있던 것을 두고 피해자를 향하여 칼을 겨누었다고 평가하는 것 역시 무리라고 할 것입니다.

4) 또한 피고인이 피해자를 향하여 칼을 휘두르거나, 칼을 들고 찌르려고 한다는 등의 행위를 한 사실이 없고, 가까이 오면 찌른다는 등의 말을 하지도 않았으며 오히려 피해자에게 이 사건 매장에서 나가라고 한 것이 전부입니다.

라. 소결

따라서 피고인은 피해자를 향해 칼을 겨눈 사실이 없고, 이 사건 피해자 진술 역시 신빙할 바 못 되며 가령 피고인이 칼을 든 사실이 있다고 하더라도 이를 두고 거동에 의한 협박으로 평가할 수는 없습니다.

3. 정당방위 또는 정당행위

백번을 양보하여 피고인이 피해자를 향하여 칼을 겨눈 사실이 있다고 할지라도 이는 정당방위 내지 정당행위에 해당하여 피고인을 처벌할 수 없다고 할 것입니다.

당시 피고인은 피해자와의 갈등이 심화된 상황에서, 피해자가 이 사건 매장의 문을 잠그는 것을 목격했습니다. 운동을 한 피해자에게 완력에서 밀릴 것이 예상된 피고인으로서는 <u>피해자로부터 폭행이나 협박, 상해를 입을 수 있었고 당시 피할 곳이 없었던 피고인은 칼을 들어 '가까이 오지 마'라는 시늉을 할 수 밖에 없었습니다.</u> 피해자 진술에 의하더라도 피고인이 칼을 들고 휘두르는 등의 행위는 하지는 않았던 것으로 보이는바 그렇다면 이는 피해자의 부당한 침해를 방어하기 위한 것으로 상당성이 있다고 볼 것입니다(대법원 2017. 3. 15. 선고 2013도2168 판결).

가령 이와 달리 보시더라도 피고인이 칼을 들 수밖에 없었던 것은 이 사건 매장의 문을 직접 잠근 피해자의 위협이 예상되는 상황에서 단지 피해자의 위협으로부터 방어하고자 칼을 들고만 있었을 뿐이며, 피고인이 이를 계기로 어떠한 언동을 내비치거나 해당 흉기를 휘두르지 않았으며 손님을 응대하는 자리에 있었던 <u>피고인이 물리적으로 다른 공간으로 벗어날 수 없었던 상황임을 고려하면 이는 정당행위로 볼 여지</u>도 있다고 할 것입니다(대법원 2018. 12. 27. 선고 2017도15226 판결).

그렇다면 피고인의 행위는 위법성을 조각한다고 볼 것입니다.

4. 결론

이상과 같은 점들을 참작하시어 피고인에게 무죄를 선고하여 주시기 바랍니다.

2020. 8.
피고인의 변호인
변호사 콘 테

서울중앙지방법원 형사 제∗∗**단독 귀중**

제13장

항소심절차

Ⅰ. 개관

제1심판결 이후 제1심법원의 판결에 대하여 불복이 있으면 지방법원 단독판사가 선고한 것은 지방법원 본원합의부에 항소할 수 있으며 지방법원 합의부가 선고한 것은 고등법원에 항소할 수 있다(형사소송법 제357조).

여기서 유의해야 할 것은, 항소심의 관할과 항소장의 제출처가 구분된다는 것이다. 즉, 지방법원 단독판사가 내린 판결은 지방법원 본원합의부가 항소심을 관할하고, 지방법원 합의부가 선고한 것은 고등법원이 항소심을 관할하지만, 항소장의 제출은 반드시 원심법원에 제출하여야 한다(제359조). 특히 항소의 제기기간은 7일이라는 것도 중요하다(제358조).

Ⅱ. 소송기록접수와 통지

> **형사소송법**
>
> **제361조의2(소송기록접수와 통지)**
> ① 항소법원이 기록의 송부를 받은 때에는 즉시 항소인과 상대방에게 그 사유를 통지하여야 한다.

② 전항의 통지 전에 변호인의 선임이 있는 때에는 변호인에게도 전항의 통지를 하여야 한다.

③ 피고인이 교도소 또는 구치소에 있는 경우에는 원심법원에 대응한 검찰청 검사는 제1항의 통지를 받은 날부터 14일 이내에 피고인을 항소법원 소재지의 교도소 또는 구치소에 이송하여야 한다.

항소의 제기기간은 원심판결이 있는 날로부터 7일 이내라는 것도 중요하지만, 항소장을 제출한 이후 가장 중요한 것은 소송기록접수통지서의 송달이다. 왜냐하면 항소심은 항소장의 제출로는 항소심의 절차로 나아가지 않고 결정으로 항소가 기각되며(제361조의4), 항소이유서를 제출하여야 하는데 이 항소이유서의 제출은 위 소송기록접수통지서를 받은 날로부터 20일 이내에 항소법원에 제출하여야 하기 때문이다(제361조의3 제1항).

따라서 항소이유서의 제출은 언제 1심판결이 있었는지, 언제 항소하였는지와 관계없이 항소법원이 소송기록접수통지서를 발송하고 항소인이나 변호인이 이를 받은 날로부터 20일 이내에 이루어지기만 하면 된다.

형사소송법은 항소법원이 항소인인 피고인에게 소송기록접수통지를 하기 전에 변호인의 선임이 있는 때에는 변호인에게도 소송기록접수통지를 하도록 정하고 있으므로(제361조의2 제2항), 피고인에게 소송기록접수통지를 한 다음에 변호인이 선임된 경우에는 변호인에게 다시 같은 통지를 할 필요가 없다. 이는 필요적 변호사건에서 항소법원이 국선변호인을 선정하고 피고인과 그 변호인에게 소송기록접수통지를 한 다음 피고인이 사선변호인을 선임함에 따라 항소법원이 국선변호인의 선정을 취소한 경우에도 마찬가지이다. 이러한 경우 항소이유서 제출기간은 국선변호인 또는 피고인이 소송기록접수통지를 받은 날부터 계산하여야 한다. 한편 형사소송규칙 제156조의2 제3항은 항소이유서 제출기간 내에 피고인이 책임질 수 없는 사유로 국선변호인이 변경되면 그 국선변호인에게도 소송기록접수통지를 하여야 한다고 정하고 있는데, 이 규정을 새로 선임된 사선변호인의 경우까지 확대해서 적용하거나 유추적용할 수는 없다. 결국, 형사소송법이나 그 규칙을 개정하여 명시적인 근거규정을 두지 않는 이상 현행 법규의 해석론으로는 필요적 변호사건에서 항소법원이 국선변호인을 선정하고 피고인과 국선변호인에게 소송기록접수통지를 한 다음 피고인이 사선변호인을 선임함에 따라 국선변호인의 선정을 취소한 경우 항소법원은 사선변호인에게 다시 소송기록접수통지를 할 의무가 없다고 보아야 한다.[54] 그리고 피고인에게 소송기록접수통지가 되기 전에 변호인의 선임이 있는 때에는 변호인에게도 소송기록접수통지를 하여야 하고, 변호인의 항소이유서 제출기간은 변호인이 이 통지를 받은 날부터 계산하여야 한다.[55]

한편, 필요적 변호사건이 아니고 형사소송법 제33조 제3항에 의하여 국선변호인을 선정하여야 하는 경우도 아닌 사건에 있어서 피고인이 항소이유서 제출기간이 도과한 후에야 비로소 형사소송법 제33조 제2항의 규정에 따른 국선변호인 선정청구를 하고 법원이 국선변호인 선정결정을 한 경우에는 그 국선변호인에게 소송기록접수통지를 할 필요가 없고, 이러한 경우 설령 국선변호인에게 같은 통지를 하였다고 하더라도 국선변호인의 항소이유서 제출기간은 피고인이 소송기록접수통지를 받은 날로부터 계산된다고 할 것이다.[56]

Ⅲ. 항소이유서의 제출

> **형사소송법**
>
> **제361조의3(항소이유서와 답변서)**
> ① 항소인 또는 변호인은 전조의 통지를 받은 날로부터 20일 이내에 항소이유서를 항소법원에 제출하여야 한다. 이 경우 제344조를 준용한다.

---

54) 대법원 2018. 11. 22.자 2015도10651 전원합의체 결정.
55) 대법원 2011. 5. 13.자 2010모1741 결정.
56) 대법원 2013. 6. 27. 선고 2013도4114 판결.

② 항소이유서의 제출을 받은 항소법원은 지체 없이 부본 또는 등본을 상대방에게 송달하여야 한다.

③ 상대방은 전항의 송달을 받은 날로부터 10일 이내에 답변서를 항소법원에 제출하여야 한다.

④ 답변서의 제출을 받은 항소법원은 지체 없이 그 부본 또는 등본을 항소인 또는 변호인에게 송달하여야 한다.

제361조의5(항소이유) 다음 사유가 있을 경우에는 원심판결에 대한 항소이유로 할 수 있다.

1. 판결에 영향을 미친 헌법·법률·명령 또는 규칙의 위반이 있는 때
2. 판결 후 형의 폐지나 변경 또는 사면이 있는 때
3. 관할 또는 관할위반의 인정이 법률에 위반한 때
4. 판결법원의 구성이 법률에 위반한 때
5. 삭제
6. 삭제
7. 법률상 그 재판에 관여하지 못할 판사가 그 사건의 심판에 관여한 때
8. 사건의 심리에 관여하지 아니한 판사가 그 사건의 판결에 관여한 때
9. 공판의 공개에 관한 규정에 위반한 때
10. 삭제
11. 판결에 이유를 붙이지 아니하거나 이유에 모순이 있는 때
12. 삭제
13. 재심청구의 사유가 있는 때
14. 사실의 오인이 있어 판결에 영향을 미칠 때
15. 형의 양정이 부당하다고 인정할 사유가 있는 때

항소이유서의 제출은 항소심 변론에 있어서 핵심을 이룬다. 항소이유서에는 항소이유를 기재하여야 하는데, 형사소송법 제361조의5에서 항소이유에 대해서 나열하고

있으나 결국 항소이유는 ① 사실오인, ② 법리오해, ③ 양형부당이다. 한편, 항소이유서가 제출되면 그 상대방은 송달받은 날로부터 10일 이내에 답변서를 항소법원에 제출하여야 한다고 되어 있으나(제361조의3 제3항) 이는 훈시규정에 불과하다.

한편, 피고인을 위하여 선정된 국선변호인이 항소이유서 제출기간 내에 항소이유서를 제출하지 아니하면 이는 피고인을 위하여 요구되는 충분한 조력을 제공하지 아니한 것으로 보아야 하고, 이런 경우에 피고인에게 책임을 돌릴 만한 아무런 사유가 없음에도 불구하고 항소법원이 형사소송법 제361조의4 제1항 본문에 따라 피고인의 항소를 기각한다면, 이는 피고인에게 국선변호인으로부터 충분한 조력을 받을 권리를 보장하고 이를 위한 국가의 의무를 규정하고 있는 헌법의 취지에 반하는 조치이다. 따라서 피고인과 국선변호인이 모두 법정기간 내에 항소이유서를 제출하지 아니하였다고 하더라도, 국선변호인이 항소이유서를 제출하지 아니한 데 대하여 피고인에게 귀책사유가 있음이 특별히 밝혀지지 않는 한, 항소법원은 종전 국선변호인의 선정을 취소하고 새로운 국선변호인을 선정하여 다시 소송기록접수통지를 함으로써 새로운 변호인으로 하여금 그 통지를 받은 때로부터 형사소송법 제361조의3 제1항의 기간 내에 피고인을 위하여 항소이유서를 제출하도록 하여야 한다.[57] 그리고 이러한 법리는 항소법원이 종전 국선변호인의 선정을 취소하고 새로운 국선변호인을 선정하여 소송기록접수통지를 하기 이전에 피고인 스스로 변호인을 선임한 경우 그 사선변호인에 대하여도 마찬가지로 적용되어야 한다.[58]

그리고 형사소송법 제361조의4, 제361조의3, 제361조의2에 따르면, 항소인이나 변호인이 항소법원으로부터 소송기록접수통지를 받은 날로부터 20일 이내에 항소이유서를 제출하지 않고 항소장에도 항소이유의 기재가 없는 경우에는 결정으로 항소를 기각할 수 있도록 정하고 있다. 그러나 항소이유서 부제출을 이유로 항소기각의 결정을 하기 위해서는 항소인이 적법한 소송기록접수통지서를 받고서도 정당한 이유 없이 20일 이내에 항소이유서를 제출하지 않았어야 한다.[59] 피고인의 항소대리권자인

---

57) 대법원 2012. 2. 16.자 2009모1044 전원합의체 결정.
58) 대법원 2019. 7. 10. 선고 2019도4221 판결.
59) 대법원 2017. 11. 7.자 2017모2162 결정.

배우자가 피고인을 위하여 항소한 경우(형사소송법 제341조)에도 소송기록접수통지는 항소인인 피고인에게 하여야 하는데(형사소송법 제361조의2), 피고인이 적법하게 소송기록접수통지서를 받지 못하였다면 항소이유서 제출기간이 지났다는 이유로 항소기각결정을 하는 것은 위법하다.[60] 아울러 이른바 필요적 변호사건에 있어서 피고인에게 변호인이 없는 경우에는 기록을 송부받은 항소법원은 지체 없이 변호인을 선정한 후 그 변호인에게 소송기록접수통지를 함으로써 그 변호인이 통지를 받은 날로부터 기산한 소정의 기간 내에 피고인을 위하여 항소이유서를 작성·제출할 수 있도록 하여 변호인의 조력을 받을 피고인의 권리를 보호하여야 한다고 할 것인바(형사소송규칙 제156조의2), 변호인의 조력을 받을 위와 같은 피고인의 권리는 필요적 변호사건에서 법원이 정당한 이유 없이 국선변호인을 선정하지 않고 있는 사이에 피고인 스스로 변호인을 선임하였으나 그때는 이미 피고인에 대한 항소이유서 제출기간이 도과해 버린 후이어서 그 변호인이 피고인을 위하여 항소이유서를 작성·제출할 시간적 여유가 없는 경우에도 마찬가지로 보호되어야 한다고 할 것이므로, 그 경우에는 법원은 사선변호인에게도 형사소송규칙 제156조의2를 유추적용하여 소송기록접수통지를 함으로써 그 변호인이 통지를 받은 날로부터 기산하여 소정의 기간 내에 피고인을 위하여 항소이유서를 작성·제출할 수 있는 기회를 주어야 할 것이다.[61]

Ⅳ. 변론

공판에 관한 규정은 특별한 규정이 없으면 항소의 심판에 준용하므로(형사소송법 제370조), 1심과 크게 달라지는 것은 없다.

다만 유의해야 할 것은, 항소심의 첫 기일에 나가 항소이유를 개진하는 것과 변론을

---

60) 대법원 2018. 3. 29.자 2018모642 결정.
61) 대법원 2000. 12. 22. 선고 2000도4694 판결.

구분하는 것이다. 항소이유의 개진은 결국 사실오인, 법리오해, 양형부당 중 해당 사항에 대하여 설명하는 것으로 족하다. 즉, '행위 사실이 없음에도 불구하고 이를 인정하였다는 원심의 판단은 사실을 오인하였고, 설령 그와 같은 행위 사실이 인정된다고 하더라도 어떠한 법리를 오해한 잘못이 있으며, 그와 같은 원심의 판단은 양형의 판단에도 영향을 미쳐 부당하다'는 정도면 충분하다.[62] 항소이유의 진술은 쟁점을 부각시키는 정도로 족하고, 나머지는 변론에서 주장하는 것이 적절하다.

이외에도 항소이유의 범위 내에서, 원심에서 실행되지 아니한 새로운 입증방법을 계획해 볼 수도 있다. 쉽게 설명하면, 원심에서 피고인 측의 증인신청이 기각된 경우 그 증인을 다시 신청하는 것을 예로 들 수 있겠다. 물론, 이 경우에도 증인(증거)의 채부는 법원의 재량사항이다.

한편, 형사소송법 제361조의3, 제364조의 각 규정에 의하면 항소심의 구조는 피고인 또는 변호인이 법정기간 내에 제출한 항소이유서에 의하여 심판하는 것이고, 이미 항소이유서를 제출하였더라도 항소이유를 추가·변경·철회할 수 있으므로, 항소이유서 제출기간의 경과를 기다리지 않고는 항소사건을 심판할 수 없다. 따라서 항소이유서 제출기간 내에 변론이 종결되었는데 그 후 위 제출기간 내에 항소이유서가 제출되었다면, 특별한 사정이 없는 한 항소심법원으로서는 변론을 재개하여 항소이유의 주장에 대해서도 심리를 해 보아야 한다.[63]

---

62) "사실오인, 법리오해, 양형부당으로 항소하였습니다."라고 답하는 때도 있다.
63) 대법원 2018. 4. 12. 선고 2017도13748 판결.

[기재례]

항소이유서

사 건 2022노** 마약류관리에관한법률위반(향정)등
피고인 김 테 란
　　　　 피고인의 변호인
　　　　 변호사 케 리 건

대전고등법원 귀중

항소이유서

사 건 2022노** 마약류관리에관한법률위반(향정)등
피고인 김 태 란

위 사건에 관하여 피고인(항소인, 이하 '피고인'이라고만 합니다)의 변호인은 다음과 같이 항소이유를 개진합니다.

다 음

1. 원심판결 및 항소이유 요지

원심은 피고인 및 변호인의 공소사실 1항과 관련한 공소장에 기재된 적용법조에 대한 법령의 오인에 대한 주장을 배척하고, 피고인에 대한 공소사실 중 대마 매수로 인한 마약류 관리에 관한 법률 위반(대마)의 점을 제외한 나머지 공소사실에 대하여 유죄로 인정하면서 피고인에게 징역 1년 및 이에 대하여 2년간 위 형의 집행을 유예한다는 판결을 내렸습니다(벌금 400,000원 병과).

그러나 원심은 ① 여전히 법조경합의 법리를 오해하였으며(법리오해), ② 그에 대한 형의 양정 역시 그르쳐 부당하다고 할 것입니다(양형부당).

2. 법리오해의 점에 관하여

가. 원심의 판단

원심은, 공소사실 제1항에 대하여 마약류 관리에 관한 법률 제59조 제1항 제5호, 제3조 제5호, 제2조 제3호 가목이 적용될 것이 아니라, 동법 제60조 제1항 제1호, 제3조 제1호, 제2조 제3호 가목이 적용되어야 할 것이라는 변호인의 주장에 대하여, 공소장에 기재된 적용법조에 법령의 오인이 없다는 취지로 판시하였습니다.

나. 법리

"형벌법규의 문언이나 논리에 따르는 것만으로는 법규범으로서 의미를 충분히 파악할 수 없을 때에는 형벌법규의 통상적인 의미를 벗어나지 않는 한 법질서 전체의 이념, 형벌법규의 기능, 입법 연혁, 입법 취지와 목적, 형벌법규의 보호법익과 보호의 목적, 행위의 형태 등 여러 요소를 종합적으로 고려하여 그 의미를 구체화"해야 하고 (목적론적 해석, 대법원 2020. 6. 18. 선고 2019도14340 전원합의체 판결),

"특별관계란 어느 구성요건이 다른 구성요건의 모든 요소를 포함하는 외에 다른 요소를 구비하여야 성립하는 경우로서, 특별관계에 있어서는 특별법의 구성요건을 충족하는 행위는 일반법의 구성요건을 충족하지만 반대로 일반법의 구성요건을 충족하는 행위는 특별법의 구성요건을 충족하지 못한다."고 보고 있습니다(대법원 2012. 8. 30. 선고 2012도6503 판결).

다. 이 사건의 경우

1) 관련 법률

먼저, 마약류 관리에 관한 법률 제59조 제1항 제5호는 '<u>제3조 제5호를 위반</u>하여 제2조 제3호 가목에 해당하는 향정신성의약품 또는 그 물질을 함유하는 향정신성의약품을 소지·소유·<u>사용</u>·관리한 자'를 1년 이상의 유기징역의 처벌대상으로 삼고 있으며, 동법 제3조 제5호에 의하면 '제2조 제3호 가목의 향정신성의약품 또는 이를 함유하는 향정신성의약품을 <u>소지, 소유, 사용, 관리, 수출입, 제조, 매매, 매매의 알선 또는 수수하는 행위</u>. 다만, 대통령령으로 정하는 바에 따라 식품의약품안전처장의 승인을 받은 경우는 제외한다'고 규정하고 있습니다.

한편, 동법 제60조 제1항 제1호에 따르면 '<u>제3조 제1호를 위반하여 마약 또는 제2조 제3호 가목에 해당하는 향정신성의약품을 사용</u>하거나 제3조 제11호를 위반하여 마약 또는 제2조 제3호 가목에 해당하는 향정신성의약품과 관련된 금지된 행위를 하기 위한 장소·시설·장비·자금 또는 운반 수단을 타인에게 제공한 자'를 10년 이하의 징역 또는 1억 원 이하의 벌금의 대상으로 삼고 있고, 동법 제3조 제1호에 의하면 '이 법에 따르지 아니한 마약류의 사용'이라고만 되어 있습니다.

2) 마약류 관리에 관한 법률 제59조와 동법 제60조의 벌칙규정이 중첩적으로 적용될 수 있는지 여부

가) 입법기술의 착오(내지는 불비)의 책임을 행위자에게는 물을 수 없는 점

원심이 판단한 바와 같이, 피고인의 행위라고 볼 수 있는 '흡입'이 '사용'의

한 방식으로써 '사용'의 개념에 해당함은 다툼의 여지가 없습니다. 그러나 동법 제3조에서 일반 행위의 금지를 정하고 있고, 제1호에서는 '이 법에 따르지 아니한 마약류의 사용'이라고만 되어 있는 반면, 제5호에서는 '향정신성의약품 또는 이를 함유하는 향정신성의약품을 소지, 소유, 사용, 관리, 수출입, 제조, 매매, 매매의 알선 또는 수수하는 행위'를 금지하고 있는 것이 분명하므로, 이는 향정신성의약품을 사용하는 방식의 불법성의 정도에 따라 적용법조가 달라지는 경우로 보아야 합니다.

원심은, 만일 향정신성의약품을 흡입하는 방식의 불법성의 정도에 따라 적용법조가 달라서 형의 경중에 차이가 발생한다면 죄형법정주의의 원칙에 따라 입법자로서는 흡입하는 방식의 불법성을 정하는 기준에 규정을 두었을 것이라고 보았으나, 이는 <u>立法의 不備일뿐</u>, 그에 대한 책임을 행위자에게 전가하여서는 안 될 것이라는 점에서 타당한 해석이 아닙니다.

나) 법조경합의 요건을 충족시키지 못함

한편, 2019. 10. 30.자 금태섭 의원이 대표 발의한 마약류 관리에 관한 법률 개정안의 결론이 비록 제59조가 되어야 한다는 취지라고 하더라도, 실무에서는 동법 제59조 제1항 제5호 및 동법 제60조 제1항 제1호가 일관되지 않게 적용되고 있어 이에 대한 혼선이 빚어졌다는 사실이 달라지는 것은 아닙니다.

마약류 관리에 관한 법률 제3조에서 일반 행위의 금지를 정하고 있고, 제1호에서는 '이 법에 따르지 아니한 마약류의 사용'이라고만 되어 있는 반면, 제5호에서는 '향정신성의약품 또는 이를 함유하는 향정신성의약품을 소지, 소유, 사용, 관리, 수출입, 제조, 매매, 매매의 알선 또는 수수하는 행위'를 금지하고 있으므로, **제5호에서 말하는 사용이라 함은, 향정신성의약품 등을 소지, 소유, 관리, 수출입, 제조, 매매, 매매의 알선 또는 수수에 버금가는 정도의 사용을 의미하므로,** 결과적으로 동법 제59조 제1항 제5호는 동법 제60조 제1항 제1호의 관계에 있어서 특별관계이고, 피고인의 경우 그 사용이 '흡연'에 그치는 것으로서 위에 언급한 정도에 미치지 못하므로 **결국 특별법의 구성요건을 충족하지 못하여 일반법의 구성요건만 충족되는 결론**에 이르게 되는 것입니다.

라. 소결

따라서 피고인의 행위는 일반법인 동법 제59조 제1항 제5호가 적용되는 것이 마땅하므로, 원심은 적용 법조에 관하여 법조경합 및 목적론적 해석과 관련한 법리를 오해한 잘못이 있습니다.

3. 양형부당의 점에 관하여

가. 앞서 살펴본 바와 같이 법리오해의 점에 관한 본 변호인의 견해가 채용된다면, 피고인에 대한 벌금형의 선고가 가능해지는 바, 이에 대하여 다시 한번 숙고하여 주시기를 부탁드립니다.

나. 가령 이와 달리 보시더라도,

가) 피고인은 지금까지 그 어떠한 문제도 일으키지 않고 모범적이고 반듯한 생활을 하여 왔고, 외국에서의 오랜 유학 경험 과정에서 마약을 접하게 된 것으로 보이는 점,

나) 마약과 관련한 자신의 행위 그 자체에 대해서는 전부 인정하고 있는 점,

다) 해서는 안 될 행동을 했다고 깊이 후회하며 반성하고 있는 점,

라) 초범인 점,

마) 다시는 마약과 관련하여 범죄를 저지르지 않기 위해 적극적으로 힘쓰고 있는 점,

바) 범행 역시 단기간에 매우 제한적으로 이루어진 점 등을 종합하여 보면,

원심이 선고유예의 선고가 가능했음에도 불구하고, 바로 징역형의 집행유예 판결을 내린 것은 원심의 형량이 재량의 합리적인 범위를 벗어난 것으로 형의 양정이 부당하다고 할 것인바 마땅히 파기되어야 할 것입니다(대법원 2015. 7. 23. 선고 2015도3260 전원합의체 판결).

4. 결론

지금까지 살펴본 바와 같이 원심판결은 적용 법조에 관하여 법조경합 및 목적론적 해석과 관련한 법리를 오해하고, 그 형의 양정 또한 재량의 합리적인 범위를 벗어나 과도한 것이라고 사료되어 이의 시정을 구하고자 본 건 항소에 이르게 된바 원심판결을 파기하시어 적절한 선고를 내려 주시기 바랍니다.

2022. 3.
피고인의 변호인
변호사 케 리 건

대전고등법원 귀중

제14장

상고심절차

상고심
절차

I. 개관

항소심판결 이후 제2심판결에 대하여 불복이 있으면 대법원에 상고할 수 있다(형사소송법 제371조). 항소심과 마찬가지로 상고장 역시 원심법원에 제출하여야 한다(제375조). 상고의 제기 기간 역시 7일이다(제374조).

한편, 상고심에서는 변호사 아닌 자를 변호인으로 선임하지 못하는데(제386조), 변호인 선임서를 제출하지 않은 채 상고이유서만을 제출하고 상고이유서 제출기간이 지난 후에 변호인 선임서를 제출하였다면 그 상고이유서는 적법·유효한 변호인의 상고이유서가 될 수 없다.[64]

---

64) 대법원 2015. 2. 26. 선고 2014도12737 판결. 다만, 이 판결에서는 변호인이 선임서를 제출하지 않은 상태에서 상고이유서만을 제출했던 사안이므로, 피고인이 직접 상고이유서를 제출하였다면 그것은 적법한 상고이유서의 제출이라고 볼 것이다.

Ⅱ. 소송기록접수와 통지

> **형사소송법**
>
> **제378조(소송기록접수와 통지)**
> ① 상고법원이 소송기록의 송부를 받은 때에는 즉시 상고인과 상대방에 대하여 그 사유를 통지하여야 한다.
> ② 전항의 통지 전에 변호인의 선임이 있는 때에는 변호인에 대하여도 전항의 통지를 하여야 한다.

상고심 역시 항소심과 마찬가지로 상고장을 제출하는 것도 중요하지만, 소송기록접수통지서의 송달 역시 중요한 의미를 갖는다. 상고인 또는 변호인이 소송기록접수통지서를 받은 날로부터 20일 이내에 상고이유서를 법원에 제출하여야 하기 때문이다(제379조).

Ⅲ. 상고이유서의 제출

> **형사소송법**
>
> **제379조(상고이유서와 답변서)**
> ① 상고인 또는 변호인이 전조의 통지를 받은 날로부터 20일 이내에 상고이유서를 상고법원에 제출하여야 한다. 이 경우 제344조를 준용한다.

② 상고이유서에는 소송기록과 원심법원의 증거조사에 표현된 사실을 인용하여 그 이유를 명시하여야 한다.
③ 상고이유서의 제출을 받은 상고법원은 지체 없이 그 부본 또는 등본을 상대방에 송달하여야 한다.
④ 상대방은 전항의 송달을 받은 날로부터 10일 이내에 답변서를 상고법원에 제출할 수 있다.
⑤ 답변서의 제출을 받은 상고법원은 지체 없이 그 부본 또는 등본을 상고인 또는 변호인에게 송달하여야 한다.

제383조(상고이유) 다음 사유가 있을 경우에는 원심판결에 대한 상고이유로 할 수 있다.
 1. 판결에 영향을 미친 헌법·법률·명령 또는 규칙의 위반이 있는 때
 2. 판결 후 형의 폐지나 변경 또는 사면이 있는 때
 3. 재심청구의 사유가 있는 때
 4. 사형, 무기 또는 10년 이상의 징역이나 금고가 선고된 사건에 있어서 중대한 사실의 오인이 있어 판결에 영향을 미친 때 또는 형의 양정이 심히 부당하다고 인정할 현저한 사유가 있는 때

상고이유서의 제출이 상고심 변론의 핵심이다. 다만 상고이유는 항소심보다 제한적이다(제383조). 법률심이므로 사형, 무기 또는 10년 이상의 징역이나 금고가 선고된 사건이 아닌 이상 양형부당으로는 다툴 수 없다. 따라서 피고인에 대하여 10년 미만의 징역형이 선고된 사건에 있어서 원심의 형량이 너무 무거워서 부당하다는 취지의 주장은 적법한 상고이유가 될 수 없을 뿐만 아니라, 이러한 경우 사실심인 원심이 피고인에 대한 양형조건이 되는 범행의 동기 및 수법이나 범행 전후의 정황 등의 제반 정상에 관하여 심리를 제대로 하지 아니하였음을 들어 상고이유로 삼을 수도 없다.[65]

---

65) 대법원 2001. 12. 27. 선고 2001도5304 판결.

한편, 상고법원은 상고이유에 의하여 불복신청한 한도 내에서만 조사·판단할 수 있으므로, 상고이유서에는 상고이유를 특정하여 원심판결의 어떤 점이 법령에 어떻게 위반되었는지에 관하여 구체적이고도 명시적인 이유의 설시가 있어야 할 것이고, 상고인이 제출한 상고이유서에 위와 같은 구체적이고도 명시적인 이유의 설시가 없이 상고이유로 단순히 원심판결에 사실오인 내지 법리오해의 위배가 있다고만 기재함에 그치고 만 경우는 어느 증거에 관한 취사조치가 채증법칙에 위배되었다는 것인지, 또 어떠한 법령적용의 잘못이 있고 어떠한 점이 부당하다는 것인지 전혀 구체적 사유를 주장하지 아니한 것이어서 적법한 상고이유가 제출된 것이라고 볼 수 없다.[66]

그리고 사실오인, 법리오해를 내세우며 실질적으로 원심의 증거 선택 및 증명력에 관한 판단 내지 이에 기초한 사실인정을 탓하거나 원심이 인정한 사실과 다른 사실관계를 전제로 법리오해를 지적하는 취지의 주장은 적법한 상고이유가 되지 못한다는 점을 유념할 필요가 있다.[67]

1. 양형부당의 상고이유 법리

형을 정하는 것은 법원의 재량사항이므로, 형사소송법 제383조 제4호에 따라 사형·무기 또는 10년 이상의 징역·금고가 선고된 사건에서 양형의 당부에 관한 상고이유를 심판하는 경우가 아닌 이상, 사실심법원이 양형의 기초 사실에 관하여 사실을 오인하였다거나 양형의 조건이 되는 정상에 관하여 심리를 제대로 하지 않았다는 주장은 적법한 상고이유가 아니다.

그러나 사실심법원의 양형에 관한 재량도, 범죄와 형벌 사이에 적정한 균형이 이루어져야 한다는 죄형 균형 원칙이나 형벌은 책임에 기초하고 그 책임에 비례하여야 한다는 책임주의 원칙에 비추어 피고인의 공소사실에 나타난 범행의 죄책에 관한 양형

---

66) 대법원 2009. 4. 9. 선고 2008도5634 판결.
67) 대법원 2022. 2. 11. 선고 2020도68 판결.

판단의 범위에서 인정되는 내재적 한계를 가진다. 사실심법원이 피고인에게 공소가 제기된 범행을 기준으로 범행의 동기나 결과, 범행 후의 정황 등 형법 제51조가 정한 양형조건으로 포섭되지 않는 별도의 범죄사실에 해당하는 사정에 관하여 합리적인 의심을 배제할 정도의 증명력을 갖춘 증거에 따라 증명되지 않았는데도 핵심적인 형벌가중적 양형조건으로 삼아 형의 양정을 함으로써 피고인에 대하여 사실상 공소가 제기되지 않은 범행을 추가로 처벌한 것과 같은 실질에 이른 경우에는 단순한 양형판단의 부당성을 넘어 죄형 균형 원칙이나 책임주의 원칙의 본질적 내용을 침해하였다고 볼 수 있다. 따라서 그 부당성을 다투는 피고인의 주장은 이러한 사실심법원의 양형심리와 양형판단 방법의 위법성을 지적하는 것으로 보아 적법한 상고이유라고 할 수 있다.[68]

한편 위 형사소송법 제383조 제4호 후단은 '사형, 무기 또는 10년 이상의 징역이나 금고가 선고된 사건에서 형의 양정이 심히 부당하다고 인정할 현저한 사유가 있는 때'를 원심판결에 대한 상고이유로 할 수 있다고 정한다. 상고심의 본래 기능은 하급심의 법령위반을 사후에 심사하여 잘못을 바로잡음으로써 법령 해석·적용의 통일을 도모하는 것이고, 형사소송법은 상고심을 원칙적으로 법률심이자 사후심으로 정하고 있다. 그런데도 형사소송법이 양형부당을 상고이유로 삼을 수 있도록 한 이유는 무거운 형이라고 할 수 있는 사형, 무기 또는 10년 이상의 징역이나 금고를 선고받은 피고인의 이익을 한층 두텁게 보호하고 양형문제에 관한 권리구제를 최종적으로 보장하려는 데 있다. 원심의 양형이 가볍다는 이유로 상고를 허용할 필요성은 10년 이상의 징역이나 금고 등의 형이 선고된 사건보다 10년 미만의 징역이나 금고 등의 형이 선고된 사건이 더 클 수 있다. 형사소송법 제383조 제4호 후단에 따르더라도 10년 미만의 징역이나 금고 등의 형이 선고된 사건에서 검사는 원심의 양형이 가볍다는 이유로 상고할 수 없다. 그런데도 그보다 중한 형인 10년 이상의 징역이나 금고 등이 선고된 사건에서는 검사가 위와 같은 이유로 상고할 수 있다고 보는 것은 균형이 맞지 않는다. 이러한 사정에 비추어 형사소송법 제383조 제4호 후단이 정한 양형부당의 상

---

68) 대법원 2020. 9. 3. 선고 2020도8358 판결.

고이유는 10년 이상의 징역이나 금고 등의 형을 선고받은 피고인의 이익을 위한 것으로 볼 수 있다. 따라서 검사는 피고인에게 불리하게 원심의 양형이 가볍다거나 원심이 양형의 전제사실을 인정하는 데 자유심증주의의 한계를 벗어난 잘못이 있다는 사유를 상고이유로 주장할 수 없다.[69]

2. 상고이유 제한 법리

한편 대법원은 일찍이, 피고인이 원심이 인정한 것과 동일한 범죄사실을 인정한 제1심판결에 대해 항소를 하지 않은 이상 제1심판결에 대한 심리미진 또는 채증법칙위반으로 인한 사실오인의 사유를 상고이유로 삼을 수 없다고 하였다.[70]

그 후 검사만이 제1심판결에 대하여 양형부당만을 이유로 항소하였고 항소심이 검사의 항소가 이유 있다고 하여 제1심판결을 파기하고 그보다 높은 형을 선고한 경우[71] 및 피고인과 검사 쌍방이 제1심판결에 대하여 양형부당만을 항소이유로 하여 항소하였는데 항소심이 피고인의 항소를 기각하고 검사의 항소를 받아들여 제1심판결을 파기하고 피고인에 대하여 그보다 높은 형을 선고한 경우에 피고인은 상고심에서 사실오인이나 법령위반 등 새로운 사유를 상고이유로 내세울 수 없다고 하였다.[72]

또한, 피고인만이 제1심판결에 대하여 양형부당만을 항소이유로 내세워 항소한 사안에서 항소심이 그 주장이 이유 없다 하여 피고인의 항소가 기각된 경우[73]는 물론, 항소심이 이를 인용하여 제1심판결을 파기하고 그보다 가벼운 형을 선고한 경우[74]와 항소심이 제1심이 간과한 다른 사유를 들어 제1심판결을 직권으로 파기하면서 제1심

---

69) 대법원 2022. 4. 28. 선고 2021도16719, 2021전도165, 2021보도54 판결.
70) 대법원 1966. 2. 22. 선고 66도16 판결.
71) 대법원 1991. 12. 24. 선고 91도1796 판결, 대법원 2009. 5. 28. 선고 2009도579 판결.
72) 대법원 2010. 1. 14. 선고 2009도12387 판결.
73) 대법원 1987. 12. 8. 선고 87도1561 판결.
74) 대법원 1990. 11. 27. 선고 90도2376 판결.

판결과 같은 형을 선고한 경우[75]에도 피고인으로서는 원심판결에 대하여 채증법칙위반으로 인한 사실오인 또는 법리오해 등 잘못이 있다는 등 새로운 주장을 상고이유로 삼을 수 없다고 하였다.

그리하여 대법원은, 상고심은 항소법원 판결에 대한 사후심이므로 항소심에서 심판대상이 되지 아니한 사항은 상고심의 심판범위에 들지 아니하는 것이어서 피고인이 항소심에서 항소이유로 주장하지 아니하거나 항소심이 직권으로 심판대상으로 삼은 사항 이외의 사유에 대하여는 이를 적법한 상고이유로 삼을 수 없다고 보았다. 상고이유를 제한하는 법리는 상고심의 사후심 구조에서 유래한 것으로 심급제도하에서 상고심의 기능 유지를 위한 필수적인 요소로 인식되어 형사소송법의 상고이유에 관한 규정이 현재와 같은 내용으로 정립될 당시 대법원에 의해 법리로 선언된 이래로 현재까지 오랜 기간 동안 실무는 물론, 학계에서도 별다른 비판 없이 받아들여져 온 대표적인 법리 중 하나이다. 그 과정에서 검사 또는 피고인 중 누가 항소한 사안인지, 항소이유로는 사실오인·법령위반·양형부당 중 어떠한 사유가 주장되었는지, 항소심의 진행 결과 항소가 기각되거나 인용된 것인지, 직권에 의하거나 항소가 인용됨으로써 제1심판결이 파기된 후 그보다 형이 높아진 것인지 등 구체적인 사안에 따라 다소간의 변용이 있기는 하였지만 항소이유로 주장하지 아니하거나 항소심이 직권으로 심판대상으로 삼은 사항 이외의 사유는 적법한 상고이유가 될 수 없다는 본래의 취지는 일관되게 유지되었다.[76]

3. 상고이유 제한 법리의 논거

가. 상고심의 사후심 구조

형사소송법상 상고인이나 변호인은 소정의 기간 내에 상고법원에 상고이유서를 제

---

75) 대법원 2009. 1. 30. 선고 2008도10924 판결.
76) 대법원 2019. 3. 21. 선고 2017도16593-1 판결.

출하여야 하고, 상고이유서에는 소송기록과 항소법원의 증거조사에 표현된 사실을 인용하여 그 이유를 명시하여야 한다(제379조 제1항, 제2항). 상고법원은 원칙적으로 상고이유서에 포함된 사유에 관하여 심판하여야 하고(제384조 본문), 상고이유가 있는 때에는 판결로써 항소심판결을 파기하여야 하는데(제391조), 파기하는 경우에도 환송 또는 이송을 통해 항소심으로 하여금 사건을 다시 심리·판단하도록 함이 원칙이며 자판은 예외적으로만 허용된다(제393조 내지 제397조). 또한 상고심은 항소심까지의 소송자료만을 기초로 하여 항소심판결 선고 시를 기준으로 그 당부를 판단하여야 하므로(대법원 1990. 11. 27. 선고 90도2225 판결 등 참조), 직권조사 기타 법령에 특정한 경우를 제외하고는 새로운 증거조사를 할 수 없을뿐더러 항소심판결 후에 나타난 사실이나 증거의 경우 비록 그것이 상고이유서 등에 첨부되어 있다 하더라도 사용할 수 없다(대법원 2010. 10. 14. 선고 2009도4894 판결 등 참조).

위 규정 및 법리를 종합해 보면, 상고심은 항소심판결에 대한 사후심으로서 항소심에서 심판대상으로 되었던 사항에 한하여 상고이유의 범위 내에서 그 당부만을 심사하여야 한다. 그 결과 항소인이 항소이유로 주장하거나 항소심이 직권으로 심판대상으로 삼아 판단한 사항 이외의 사유는 상고이유로 삼을 수 없고 이를 다시 상고심의 심판범위에 포함시키는 것은 상고심의 사후심 구조에 반한다고 할 것이다. 이러한 점에서 상고이유 제한 법리는 형사소송법이 상고심을 사후심으로 규정한 데에 따른 귀결이라고 할 수 있다.

한편 상고심은 사후심인 동시에 원칙적으로 법률심이다(대법원 2002. 12. 3.자 2002모265 결정 등 참조). 즉 재판에 있어 사실인정이나 형의 양정은 사실심에서 행하고 상고심은 법령 해석·적용의 통일을 기하는 것이 본래의 기능이라고 할 수 있다. 그런데 상고심이 사후심이라는 이유로 사실심의 판결에 잘못이 있다고 하여 무조건 상고할 수 있도록 허용한다면 상고가 남발됨으로써 상고심의 사건처리 부담이 과중하게 되어 사후심 및 법률심으로서의 기능 수행은 물론, 이를 통한 피고인의 권리구제에도 충실하지 못하게 될 위험이 있다. 특히 법률심으로서 상고심의 판결이 선례로서 하급심에 법령 해석·적용의 기준을 제시하고 형벌의 기준을 확립함으로써 우리 사회의 법질서를 유지하는 임무를 수행하게 하기 위해서는 상고심에서 적정한 판단이

가능하도록 그 기능을 보장해 줄 필요가 있다. 나아가 삼심제하에서 피고인으로 하여금 가급적 억울함을 호소하게 해 주고 끝까지 다툴 수 있도록 상소의 기회를 보장해 주어야 한다는 요청도 있을 수 있지만 모든 사건에 대하여 똑같이 세 차례의 법률적 측면에서의 심사 기회를 제공하는 것이 곧 헌법 제27조 제1항에서 규정한 '헌법과 법률이 정한 법관에 의하여' 재판을 받을 권리의 보장이라고 할 수는 없다(헌법재판소 1992. 6. 26. 선고 90헌바25 전원재판부 결정 등 참조).

이에 하급심과 상고심의 본질과 기능에 따라 적절하게 사법자원을 분배하고 불필요한 상고 제기를 방지하며 소송경제를 도모하기 위하여 상고이유를 제한하는 방법으로 실질적으로 상고심의 심판대상이 될 수 있는 사항의 범위를 일정하게 한정시키는 것은 헌법적인 차원에서도 그 합리성이 인정된다(헌법재판소 2012. 5. 31. 선고 2010헌바90 등 전원재판부 결정 참조). 이러한 의미에서 심급제도는 사법에 의한 권리보호에 관하여 법원의 한정된 재판 역량을 합리적으로 분배하는 문제인 동시에 재판의 적정과 신속이라는 상반되는 요청을 어떻게 조화시키느냐의 문제로서 원칙적으로 입법자의 형성의 자유에 속하는 사항이다(헌법재판소 1997. 10. 30. 선고 97헌바37 등 전원재판부 결정 참조).

상고이유 제한 법리는 피고인이 항소하지 않거나 양형부당만을 이유로 항소함으로써 항소심의 심판대상이 되지 않았던 법령위반 등 새로운 사항에 대해서는 피고인이 이를 상고이유로 삼아 상고하더라도 부적법한 것으로 취급함으로써 상고심의 심판대상을 제한하고 있다. 이는 앞서 살펴본 것처럼 심급제도의 운영에 관한 여러 가지 선택 가능한 형태 중에서 현행 제도가 사후심제 및 법률심의 방식을 선택한 입법적 결단에 따른 결과라고 할 것이다. 특히 모든 사건의 제1심 형사재판절차에서 법관에 의한 사실적·법률적 심리검토의 기회가 주어지고 피고인이 제1심판결에 대해 항소할 기회가 부여되어 있음에도 항소심에서 적극적으로 이를 다투지 아니한 사정 등을 감안하여 개개 사건에서 재판의 적정, 피고인의 구제 또는 방어권 보장과 조화되는 범위 내에서 재판의 신속 및 소송경제를 도모하고 심급제도의 효율적인 운영을 실현하기 위하여 마련된 실정법상의 제약으로서 그 합리성도 인정된다.[77]

---

77) 대법원 2019. 3. 21. 선고 2017도16593-1 전원합의체 판결.

나. 법령 해석·적용의 통일 및 직권 심판

형사소송법상 항소심은 제1심판결에 영향을 미친 사유에 관하여는 항소이유서에 포함되지 아니한 경우라도 직권으로 심판할 수 있고(제364조 제2항), 상고심은 형사소송법 제383조 제1호 내지 제3호의 경우에는 상고이유서에 포함되지 아니한 때에도 직권으로 심판할 수 있다(제384조 단서). 특히 상고심의 직권심판은 법률의 해석·적용을 그르친 나머지 피고인을 유죄로 잘못 인정한 항소심판결에 대하여 피고인은 상고를 제기하지 아니하고 검사만이 다른 사유를 들어 상고를 제기하였고 검사의 상고가 피고인의 이익을 위하여 제기된 것이 아님이 명백한 경우에도 할 수 있다(대법원 2002. 3. 15. 선고 2001도6730 판결 등 참조).

상고심과 항소심의 직권심판권은 하급심판결에 대한 법령위반 등 잘못을 최대한 바로잡기 위한 취지이다. 그리하여 먼저 항소심의 직권심판권을 통하여 제1심판결에 대하여 피고인이 항소이유를 주장하여 적절히 다투지 아니하더라도 사실을 오인하거나 법령을 위반하는 등의 사유로 판결에 영향을 미친 잘못이 있다면 항소심에서 이를 바로잡을 수 있고, 상고심은 항소심판결 자체에 여전히 위법이 있는 경우, 예를 들어 항소심이 제1심판결의 위법을 간과하고 항소기각 판결을 선고하거나 제1심판결을 파기 후 자판하는 항소심판결에 고유한 법령적용의 위법이 있는 경우에 직권심판권을 폭넓게 활용함으로써 최종적으로 이를 바로잡을 수 있다.

위와 같이 형사소송법상 상고심과 항소심의 두 심급에 걸쳐 마련되어 있는 직권심판권의 발동에 의해 직권심판사항에 해당한다고 판단되는 위법사유에 대해서는 피고인이 항소하지 않거나 항소이유로 주장하지 아니함에 따라 항소심의 심판대상에 속하지 않았던 사항이라도 피고인에게 이익이 되는 방향으로 그 잘못을 최대한 바로잡을 수 있는 장치가 갖추어져 있다. 이를 통해 상고심의 사후심 및 법률심으로서의 기능과 피고인의 구제는 더욱 강화된다.[78]

---

78) 대법원 2019. 3. 21. 선고 2017도16593-1 전원합의체 판결.

다. 피고인의 절차적 권리 보장과의 관계

형사소송법은 피고사건에 대한 실체심리가 공개된 법정에서 검사와 피고인 양 당사자의 공격·방어활동에 의하여 행해질 것을 요구하는 당사자주의와 공판중심주의 원칙 및 공소사실의 인정은 법관의 면전에서 직접 조사한 증거만을 기초로 이루어져야 한다는 직접심리주의와 증거재판주의 원칙 등을 채택하고 있다(대법원 2009. 10. 22. 선고 2009도7436 전원합의체 판결 등 참조). 공판중심주의의 한 요소인 실질적 직접심리주의는 법관의 면전에서 직접 조사한 증거만을 재판의 기초로 삼을 수 있고 증명 대상이 되는 사실과 가장 가까운 원본 증거를 재판의 기초로 삼아야 하며 원본 증거의 대체물 사용은 원칙적으로 허용되어서는 안 된다는 원칙이다. 법관은 법정에서 직접 원본 증거를 조사하는 방법을 통하여 사건에 대한 신선하고 정확한 심증을 형성할 수 있고 피고인에게 원본 증거에 관한 직접적인 의견진술의 기회를 부여함으로써 실체적 진실을 발견하고 공정한 재판을 실현할 수 있다(대법원 2006. 11. 24. 선고 2006도4994 판결 등 참조).

이러한 점에서 본다면 형사소송법상 법관의 면전에서 당사자의 모든 주장과 증거조사가 실질적으로 이루어지는 제1심법정에서의 절차가 실질적 직접심리주의 및 공판중심주의를 구현하는 원칙적인 것이 된다고 할 것이고, 다만 제1심의 공판절차에 관한 규정은 특별한 규정이 없으면 항소심의 심판절차에도 준용되는 만큼(제370조), 항소심도 제한적인 범위 내에서 이러한 원칙에 따른 절차로 볼 수 있다.

반면 형사소송법상 상고심은 상고장, 상고이유서 기타의 소송기록에 의하여 변론 없이 판결할 수 있도록 되어 있고(제390조 제1항), 공판절차를 진행하더라도 피고인의 소환을 요하지 않는 등(제389조의2) 절차적인 면에서 이와는 현격한 차이가 있다.

위와 같은 제1심 및 항소심과 상고심에 있어 심리절차상의 차이를 앞서 살펴본 공판중심주의 및 실질적 직접심리주의의 정신에 비추어 살펴보면, 제1심법원이 법관의 면전에서 사실을 검토하고 법령을 적용하여 판결한 사유에 대해 피고인이 항소하지 않거나 양형부당만을 항소이유로 주장하여 항소함으로써 죄의 성부에 관한 판단 내용을 인정하는 태도를 보였다면 그에 관한 판단 내용이 잘못되었다고 주장하면서 상고하는 것은 허용될 수 없다고 보아야 한다.

한편 양형은 법정형을 기초로 하여 형법 제51조에서 정한 양형의 조건이 되는 사항을 두루 참작하여 합리적이고 적정한 범위 내에서 이루어지는 재량 판단으로서, 공판중심주의와 직접심리주의를 취하고 있는 우리 형사소송법에서는 양형 판단에 관하여도 제1심의 고유한 영역이 존재하고, 항소심도 제1심에 대한 사후심적 성격이 가미된 속심으로서 제1심과 구분되는 고유의 양형재량을 가지고 있다고 보아야 한다(대법원 2015. 7. 23. 선고 2015도3260 전원합의체 판결 등 참조).

이와 같이 양형이 원칙적으로 재량 판단이라는 점을 감안한다면, 항소심이 검사의 양형부당에 관한 항소를 받아들임으로써 제1심판결을 파기하고 보다 높은 형을 선고한 것은 심급제도하에서 양형 요소라는 동일한 심판대상에 관해 서로 다른 법원에서 고유의 권한으로 반복하여 심사가 이루어짐에 따라 부득이하게 발생된 결과라고 봄이 상당하다. 따라서 제1심과 항소심 사이의 양형 판단이 피고인에게 불리한 내용으로 달라졌다는 사정변경이 사후심 구조에 따른 상고이유 제한 법리의 타당성 등에 영향을 미칠 만한 것이라고 보기는 어렵다.[79]

Ⅳ. 변론

상고심은 상고이유서로서 변론한다(제388조). 따라서 피고인의 소환이 재판의 요건이 아니다(제389조의2). 특별한 사정이 없는 한 서면심리에 의한 판결이 이루어진다. 즉, 상고법원은 상고장, 상고이유서 기타의 소송기록에 의하여 변론 없이 판결할 수 있다(제390조).

---

79) 대법원 2019. 3. 21. 선고 2017도16593-1 전원합의체 판결.

그리고 상고심에서 상고이유 주장이 이유 없다고 판단되어 배척된 부분은 판결 선고와 동시에 확정력이 발생하여 이 부분에 대하여 피고인은 더 이상 다툴 수 없고, 환송받은 법원으로서도 이와 배치되는 판단을 할 수 없으므로, 피고인으로서는 더 이상 이 부분에 대한 주장을 상고이유로 삼을 수 없고, 비록 환송 후 원심이 이 부분 범죄사실에 대하여 일부 증거조사를 하였더라도 의미 없는 것에 지나지 않는다. 이러한 법리는 상고이유 주장이 사실심인 원심의 전권에 속하는 증거의 취사선택과 사실의 인정을 비난하는 것에 불과하다거나 원심이 인정한 사실과 다른 사실을 전제로 한 것이어서 부적법하다는 등의 이유로 배척된 경우에도 마찬가지로 적용된다.[80]

---

80) 대법원 2011. 10. 13. 선고 2011도8478 판결.

[기재례]

상고이유서

사　건　　2020도****　모욕
피고인　　해 산 물
　　　　　　피고인의 변호인
　　　　　　변호사 해 수 부

대법원 제*부 귀중

상고이유서

사　건　2020도****　모욕
피고인　해산물

위 사건에 관하여 피고인(상고인, 이하 '피고인'이라고만 합니다)의 변호인은 다음과 같이 상고이유를 개진합니다.

다　음

1. 원심판결 및 상고이유 요지

　원심은 피고인의 양형부당 주장에 대하여는 이유 있다고 보면서도, 모욕의 고의가 없었고, '문어빡빡이'라는 표현은 비아냥, 조롱에 불과하며, 가령 구성요건에 해당한다고 하더라도 사회상규에 반하지 아니하는 행위로서 위법성이 조각된다는 피고인의 사실오인 및 법리오해 주장을 모두 배척하여, 피고인에게 벌금 50만 원에 처하되, 판결 확정일로부터 1년간 형의 집행을 유예하는 판결을 선고하였습니다.

　그러나 위와 같은 원심의 판단은 고의에 대한 법리, 모욕죄의 법리, 위법성 판단에 대한 법리를 오해하여 판결에 영향을 미치는 법령위반을 하였습니다.

2. 법리오해

가. 구성요건해당성

1) 모욕의 고의

　모욕죄에 있어서 그 고의란 "사람의 사회적 평가를 저하시킬 만한 추상적 판단이나 경멸적 감정을 표현하는 의도"라고 할 것이고, 주지하시다시피 "피고인이 범죄구성요건의 주관적 요소인 고의를 부인하는 경우, 범의 자체를 객관적으로 증명할 수는 없으므로 사물의 성질상 범의와 관련성이 있는 간접사실 또는 정황사실을 증명하는 방법으로 이를 증명할 수밖에 없다. 이때 무엇이 관련성이 있는 간접사실 또는 정황사실에 해당하는지는 정상적인 경험칙에 바탕을 두고 치밀한 관찰력이나 분석력으로 사실의 연결 상태를 합리적으로 판단하는 방법에 의하여 판단하여야 한다. 고의의 일종인 미필적 고의는 중대한 과실과는 달리 범죄사실의 발생 가능성에 대한 인식이 있고 나아가 범죄사실이 발생할 위험을 용인하는 내심의 의사가 있어야 한다. 행위자가 범죄사실이 발생할 가능성을 용인하고 있었는지는 행위자의 진술에 의존하지 않고 외부에 나타난 행위의 형태와 행위의 상황 등 구체적인 사정을 기초로 일반인이라면 범죄사실이 발생할 가능성을 어떻게 평가할 것인지를 고려하면서 행위자의 입장에서 그 심리상태를 추인하여야 한다."는 것이 우리 대법원의 입장입니다(대법원 2017. 1. 12. 선고 2016도15470 판결).

　피고인이 본 건 공소사실에 있어서 피해자에 대한 모욕의 고의가 있었는지 살피건대, ① 당시 피고인이 "그래야 ▶▶▶씨가 문어빡빡이라고 하며 교육청에 신고하겠다며 하지 않겠죠. ^^ 사람 대하는 곳에서 사람을 대하는 데 좀 더 노력을 기울였으면 합니다."라는 글을 게시한 것은, 피고인이 재직하고 있던 ◀◁▷에서 비정상적인 사안들이 발생하면서 발생한 부당한 사항들을 알리는 과정에서 비롯된 점, ② 문어빡빡이라는 표현은 피고인이 피해자를 지칭한 것이 아니라, 이 사건 외 '▶▶▶'이 피해자를 '문어빡빡이'라고 불렀다는 정황으로 볼 수는 있을지언정 그것이 피고인이 '직접' 피해자를 지칭한 것으로는 볼 수 없는 점에 비추어 볼 때, 과연 피고인에게 피해자에 대한 모욕의 고의가 있었는지 의문이라고 할 것입니다.

그럼에도 불구하고 원심은, 피고인에게 모욕의 고의가 있다고 판단한바 이는 고의의 법리를 오해한 것입니다.

2) 모욕에 해당하는지 여부

우리 대법원은 "형법 제311조의 모욕죄는 사람의 가치에 대한 사회적 평가를 의미하는 외부적 명예를 보호법익으로 하는 범죄로, 모욕죄에서 말하는 모욕이란 사실을 적시하지 아니하고 사람의 사회적 평가를 저하시킬 만한 추상적 판단이나 경멸적 감정을 표현하는 것을 의미한다. 따라서 어떠한 표현이 상대방의 인격적 가치에 대한 사회적 평가를 저하시킬 만한 것이 아니라면 설령 그 표현이 다소 무례한 방법으로 표시되었다 하더라도 이를 두고 모욕죄의 구성요건에 해당한다고 볼 수 없다."는 것이 모욕죄에 대한 확고하고도 일관된 판례입니다(대법원 2018. 5. 30. 선고 2016도20890 판결).

이 사건에서 문제되는 것은, 피고인이 2018. 3. 20.경 ◀◁▶▷ 단체 카카오톡 대화방에서 "그래야 ▶▶▶씨가 문어빡빡이라고 하며 교육청에 신고하겠다며 하지 않겠죠. ^^ 사람 대하는 곳에서 사람을 대하는 데 좀 더 노력을 기울였으면 합니다."라는 글을 게시한 것입니다. 피고인 역시 위와 같은 글을 게시한 사실에 대하여는 다투지 않습니다. 다만, 이와 같은 표현이 우리 대법원이 모욕죄가 성립에 대하여 제시하고 있는 기준에 부합하는지 숙고할 필요가 있습니다.

살피건대, 우선 모욕이란 사실을 적시하지 아니하고 사람의 사회적 평가를 저하시킬 만한 추상적 판단이나 경멸적 감정을 표현을 의미하는바 피고인이 사실을 적시하지 않은 것은 사실입니다. 그런데 과연 '▶▶▶이 피해자를 문어빡빡이라고 지칭'하는 것을 드러낸 것이, 피해자에 대한 사회적 평가를 저하시키는 판단 내지 경멸적인 감정을 표현하는 것인지 매우 의문입니다. 왜냐하면 피고인은 자신이 재직하던 직장 내에서 문제를 제기하면서 위와 같은 글을 게시한 것이고, 피해자의 행적에 대하여 지적하는 차원이지 경멸적 감정을 드러낸 것은 아니기 때문입니다.

피고인의 위와 같은 표현은 ◀◁▶▷에서 발생한 부당한 사항을 알리는 과정에서 제대로 시정되지 않기 때문에 운영진이 그와 같은 말을 듣게 되는 것이라는 의견을 개진할 것일 뿐 피해자의 사회적 평가를 저하시킬 만한 정도는 아니라는 점에서 원심의 판단은 모욕죄에 관련한 법리를 오해하였다고 볼 것입니다. **피고인이 '직접' 피해자를 지칭하지 아니하고, 제3자가 피해자를 부르는 호칭을 간접적으로 드러냄으로써 무례한 방법으로 표시된 것에 불과할 뿐**입니다. 아울러 사회적으로 용납할 수 있는 비판에 불과합니다(대법원 2008. 12. 11. 선고 2008도8917 판결).

나. 위법성

구성요건해당성 판단에 대하여 본 변호인의 견해와 달리 보시더라도, 피고인의 본 건 표현은 형법 제20조가 정하고 있는 사회상규에 반하지 않는 행위로서 위법성이 조각된다고 볼 것입니다.

대법원은 "사회상규에 위반되지 아니하는 행위라 함은 법질서 전체의 정신이나 그의 배후에 놓여 있는 사회윤리 도의적 감정 내지 사회통념에 비추어 용인될 수 있는 행위를 말하는 것이어서 어떠한 행위가 사회상규에 위배되지 아니하는가는 구체적 사정아래에서 합목적적 합리적으로 고찰하여 개별적으로 판단되어야 한다."고 보고 있습니다(대법원 2004. 6. 10. 선고 2001도5380 판결).

피고인이 이 사건 공소사실 글을 게시할 당시의 배경, 피해자는 실제 머리숱이 많은 사람으로서 실제로는 경멸적 감정을 느끼지 않았으리라는 점에 비추어 보면, 과연 피고인의 위와 같은 행위에 대하여 처벌해야 하는지 강한 의문이 드는 바, 이는 사회상규에 반하지 아니하는 행위로서 위법성이 조각된다고 보는 것이 타당한 것으로 사료됩니다. 피고인의 의견표현의 자유를 일탈하여 피해자에 대한 사회적 평가를 훼손한 모욕적 언사라고 보기 어렵다고 할 것입니다(대법원 2008. 7. 10. 선고 2008도1433 판결).

다. 소결

따라서 원심은 모욕의 고의, 모욕죄의 법리, 사회상규에 반하지 아니하는 행위에 대한 법리를 오해한 잘못이 있는 것입니다.

3. 결론

이상과 같은 이유로 본 건 상고에 이르게 된 바, 원심을 파기하시는 판결을 내려 주시기 바랍니다.

2020. 8.
피고인의 변호인
변호사 해 수 부

대법원 제*부 귀중

제15장

약식 절차

약식
절차

Ⅰ. 의의

검사는 공소의 제기와 동시에 서면으로 약식명령을 청구할 수 있고(형사소송법 제449조), 이때 지방법원은 그 관할에 속한 사건에 대하여 공판절차 없이 약식명령으로 피고인을 벌금, 과료 또는 몰수에 처할 수 있으며, 동시에 추징 기타 부수의 처분을 할 수 있다(제448조). 이 약식명령에는 범죄사실, 적용법령, 주형, 부수처분과 약식명령의 고지를 받은 날로부터 7일 이내에 정식재판의 청구를 할 수 있음을 명시하여야 한다(제451조). 약식명령은 정식재판의 청구기간이 경과하거나 그 청구의 취하 또는 청구기각의 결정이 확정한 때에는 확정판결과 동일한 효력이 있다(제457조).

즉, 통상적으로 사건이 경미한 때 검사의 구형 의견이 벌금인 경우에는 검사가 약식명령을 청구하는 경우가 많다. 의뢰인의 입장에서는 법원이 직권으로 정식재판에 회부하지 않는 이상 최종적으로 벌금이나 과료를 기대할 수 있다.

다만, 앞서 언급한 것처럼 법원은 약식명령의 청구가 있는 경우에 그 사건이 약식명령으로 할 수 없거나 약식명령으로 하는 것이 적당하지 아니하다고 인정한 때에는 정식재판으로 회부할 수 있다(제450조). 한편, 사건이 법원 직권으로 정식재판으로 회부된 경우에는 검사의 구형과 상관없이 법원이 형종을 변경하여 선고할 수 있다.

II. 정식재판의 청구

　법원이 검사의 약식명령의 청구가 있는 사건에 대하여 정식재판으로 회부하지 아니하고, 약식명령을 한 경우 검사 또는 피고인은 약식명령의 고지를 받은 날로부터 7일 이내에 약식명령을 한 법원에 서면으로 정식재판의 청구를 할 수 있다(제453조 제1항, 제2항). 그리고 정식재판의 청구는 제1심판결 선고 전까지 취하할 수 있다(제454조).
　정식재판의 청구는 약식명령의 고지를 받은 날로부터 7일 이내에 정식재판청구서를 제출하는 것이 가장 중요하다. 형사소송법 제452조에서 약식명령의 고지는 검사와 피고인에 대한 재판서의 송달에 의하도록 규정하고 있으므로, 약식명령은 그 재판서를 피고인에게 송달함으로써 효력이 발생하고, 변호인이 있는 경우라도 반드시 변호인에게 약식명령 등본을 송달해야 하는 것은 아니다. 따라서 정식재판 청구기간은 피고인에 대한 약식명령 고지일을 기준으로 하여 기산하여야 한다.[81] 변호인이 정식재판청구서를 제출할 것으로 믿고 피고인이 스스로 적법한 정식재판의 청구기간 내에 정식재판청구서를 제출하지 못하였더라도 그것이 피고인 또는 대리인이 책임질 수 없는 사유로 인하여 정식재판의 청구기간 내에 정식재판을 청구하지 못한 때에 해당하지 않는다.[82]
　약식명령에 대한 정식재판의 청구는 서면으로 제출하여야 하고, 공무원 아닌 자가 작성하는 서류에는 연월일을 기재하고 기명날인(인장이 없으면 지장을 사용)하여야 하므로, 정식재판청구서에 청구인의 기명날인이 없는 경우에는 정식재판의 청구가 법령상의 방식을 위반한 것으로서 그 청구를 결정으로 기각하여야 하고, 이는 정식재판의 청구를 접수하는 법원공무원이 청구인의 기명날인이 없는데도 이에 대한 보정을 구하지 아니하고 적법한 청구가 있는 것으로 오인하여 청구서를 접수한 경우에도 마찬가지이다. 다만, 법원공무원의 위와 같은 잘못으로 인하여 적법한 정식재판청

---

81) 대법원 2016. 12. 2.자 2016모2711 결정.
82) 대법원 2017. 7. 27.자 2017모1557 결정.

구가 제기된 것으로 신뢰한 채 정식재판청구기간을 넘긴 피고인은 자기의 '책임질 수 없는 사유'에 의하여 청구기간 내에 정식재판을 청구하지 못한 때에 해당하여 정식재판청구권의 회복을 구할 수 있을 뿐이다.[83]

Ⅲ. 형종 상향의 금지

한편, 피고인이 정식재판을 청구한 사건에 대하여는 약식명령의 형보다 중한 종류의 형을 선고하지 못한다(제457조의2 제1항). 여기서 유념해야 할 것은, 피고인이 정식재판을 청구한 사건에 대해 형종 상향이 금지될 뿐이라는 것이다. 바꿔 말하면, 검사의 정식재판 청구 또는 법원이 직권으로 정식재판에 회부된 경우에는 형종을 상향하여 선고할 수 있다. 한편, 피고인이 정식재판을 청구한 사건에 대하여 약식명령의 형보다 중한 형을 선고하는 경우에는 판결서에 양형의 이유를 적어야 한다(제457조의2 제2항).

형사소송법 제457조의2에서 규정하는 불이익변경금지의 원칙은 피고인의 약식명령에 대한 정식재판청구권을 보장하려는 것으로, 피고인이 정식재판을 청구한 사건에서 법원은 같은 범죄사실에 대하여 피고인이 고지받은 약식명령의 형보다 중한 형을 선고하지 못한다는 원칙이며, 그 적용에 있어 형의 경중은 이를 개별적·형식적으로 고찰할 것이 아니라 주문 전체를 고려하여 피고인에게 실질적으로 불이익하게 변경되었는지 여부로 판단하여야 한다. 피고인이 정식재판을 청구한 당해 사건이 다른 사건과 병합·심리된 후 경합범으로 처단되는 경우에는 당해 사건에 대하여 고지받은 약식명령의 형과 병합·심리되어 선고받은 형을 단순 비교할 것이 아니라, 병합된 다른 사건에 대한 법정형, 선고형 등 피고인의 법률상 지위를 결정하는 객관적 사정을

---

83) 대법원 2008. 7. 11.자 2008모605 결정.

전체적·실질적으로 고찰하여 병합·심판된 선고형이 불이익한 변경에 해당하는지를 판단하여야 한다. 다만 그 병합·심리 결과 다른 사건에 대하여 무죄가 선고됨으로써 당해 사건과 다른 사건이 경합범으로 처단되지 않고 당해 사건에 대하여만 형이 선고된 경우에는, 다른 사건에 대한 법정형, 선고형 등 피고인의 법률상 지위를 결정하는 객관적 사정까지 고려할 필요는 없으므로 원래대로 돌아가 당해 사건에 대하여 고지받은 약식명령의 형과 그 선고받은 형만 전체적으로 비교하여 피고인에게 실질적으로 불이익한 변경이 있었는지 여부를 판단하면 된다.[84]

따라서 피고인이 약식명령에 대하여 정식재판을 청구한 사건에서 다른 사건을 병합심리한 후 경합범으로 처단하면서 약식명령의 형량보다 중한 형을 선고한 것은 형사소송법 제457조의2가 규정하는 불이익변경금지의 원칙에 어긋나지 않고,[85] 피고인이 약식명령에 대하여 정식재판을 청구한 사건과 공소가 제기된 다른 사건을 병합하여 심리한 결과 형법 제37조 전단의 경합범 관계에 있어 하나의 벌금형으로 처단하는 경우에는 약식명령에서 정한 벌금형보다 중한 벌금형을 선고하더라도 형사소송법 제457조의2에 정하여진 불이익변경금지의 원칙에 어긋나는 것이 아니다.[86] 아울러 그 죄명이나 적용법조가 약식명령의 경우보다 불이익하게 변경되었다고 하더라도 선고한 형이 약식명령과 같거나 약식명령보다 가벼운 경우에는 불이익변경금지의 원칙에 위배된 조치라고 할 수 없다.[87]

---

84) 대법원 2009. 12. 24. 선고 2009도10754 판결.
85) 대법원 2003. 5. 13. 선고 2001도3212 판결.
86) 대법원 2004. 8. 20. 선고 2003도4732 판결.
87) 대법원 2013. 2. 28. 선고 2011도14986 판결.